KB036430

행복한 사람은 단순하게 삽니다

심 플 한 삶 을 위 한 1 2 2 가 지 라 이 프 스 타 일

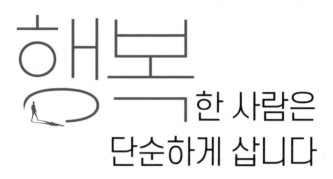

한 사람은
단순하게 삽니다

오키 사치코 지음 | 정지영 옮김

프롬북스
frombooks

이제부터는 심플하게 삽시다

"인생 후반은 그동안 들인 습관으로 결정된다."

러시아의 작가 도스토옙스키는 작품 속에서 이렇게 말했다.

젊은 시절 우연히 읽은 책 속의 말이 마음에 남아서 메모해뒀는데, 나이가 들어보니 이 말이 새삼 와닿았다.

지금까지 살아오면서 자기 나름대로 좋은 습관을 만들고 지켜왔으면 좋겠지만, 나쁜 습관을 버리지 못하고 있어도 괜찮다. 이제부터 약간의 노력이나 마음먹기에 따라 좀 더 충실한 방향으로 바꿀 수 있기 때문이다.

노후 자금으로 얼마가 필요하다는 말을 들으면 저축해놓은 돈이 있는 사람도 없는 사람도 불안과 초조함을 느낀다. 사람은 저마다 삶의 방식이 다르기에 돈에 대한 정보를 무시하거나 이에 무관심한 척할 것이 아니라 오히려 자신의 생활을 다시 살펴볼 좋은 기회로 삼아야 한다.

환경이나 정보에 구애받지 않고, 조금이라도 지금의 생활방식을 쉽고 단순하게 할 수 있는 방법은 없을지 생각해보자. 자신의 생활방식을 개혁해보는 것이다. 인생을 쉽고 단순하게 살아가기 위해서다.

인류가 탄생했을 무렵에는 화폐도 편리한 도구도 복잡한 정보도 본래 아무것도 없었다. 인류가 진화하면서 발생한 모든 발명은 우리의 생활을 더욱 편리하고 행복하게 만들고 싶다는 단순한 생각에서 시작되었다. 아이러니하게도 지금은 그 편리함이 인간의 생활을 복잡하게 하고, 불안하게 만들고 있다.

지금 여기에서 그 흐름을 잠시 멈추고 거슬러서 자기 나름대로 삶을 풍요롭고 살기 좋게 만들 방법을 찾는 것이 중요하다. '단순히 사는 것'은 옛 좋은 시절로 돌아가자는 것이 아니다. 편리한 도구와 현대 문명, 자연을 누리면서 지금까지 터득한 삶의 지혜와 경험을 활용해 군더더기를 빼고 몸과 마음을 건강하게 하는 일이다.

삶을 단순하게 만드는 지혜는 마음만 먹으면 우리 주위에서 재미를 느낄 정도로 많이 찾을 수 있다. 생활 속에, 자신의 마음 속에, 인간관계 사이에, 돈과 시간 속에서 발견할 수 있다.

이 책이 용기를 내고, 방법을 찾는 데에 조금이나마 도움이 되기를 바란다.

○ 차례

1장

단순하게 생활한다
단순한 삶은 집안일부터

2장

단순하게 소유한다
물건과의 관계를 깔끔하게

3장

단순하게 사용한다

시간과 돈의 흐름을 원활하게

4장

단순하게 산다

건강, 마음, 인간관계

1장

단순하게
살아간다

단순한 삶은 집안일부터

○
일단
정리정돈부터

집안일을 할 때는 그저 대충하는 것이 아니라 효율적으로 할 수 있는 방법을 생각해야 한다. 그 방법을 습관화하면 더욱 단순해 져서 시간과 노력이 줄어들고 마음도 한결 가벼워진다. 집안일 이 단순해지면 본인을 위해 쓸 시간도 늘어나 인생에 여유가 생 긴다.

단순한 집안일이란 버릇처럼 하거나 느낌대로 하는 것이 아니 라 '과학적으로 집안일을 하는 것'이다. 이를 위해 능숙한 정리정 돈이 기본으로 되어 있어야 한다. 정리정돈을 잘하고, 평소 가계 숫자에 강하며, 건강에 관심이 있는 사람은 노후에 빈곤해지지

1장 단순하게 생활한다 _단순한 삶은 집안일부터

않는다고 한다. "정리정돈이 되어 있는 생활은 그것만으로 인생의 절반을 달성한 것이다"라는 속담도 있다.

정리를 잘하는 사람은 물건이 정돈되어 있기 때문에 청소하는 시간도 절약된다. 그러면 효율적이고 신속하게 집안일을 마칠 수 있다. 항상 깨끗한 집에 신선하고 쾌적한 공기가 흐르면 사소하게 짜증이 날 일도 웃어넘길 수 있다.

마음이 평온하고 풍요로우면 사물에 대한 욕구에서도 해방된다. 인생의 모든 것이 단순해지고, 술술 잘 풀린다. 이제 정리정돈에 대해서 구체적으로 살펴보자.

○ 작은 집안일은
매일 하기

　좋든 싫든 나이에 상관없이 집안일은 매일 해야 한다. 세수를
하거나 양치질을 하거나 식사를 하는 것만큼 중요하다. 그렇다
고 집안일을 완벽하게 할 필요는 없다. 더러운 부분을 잠깐 닦아
내거나 쓰레기를 줍는 식으로 소소하게 손을 쓰는 일도 훌륭한
집안일이기 때문이다.

　과학적으로 집안일을 하는 습관을 들이면 같은 24시간이라도
더 여유 있게 쓸 수 있다. 자유시간이 늘어나 좋아하는 일을 더
많이 할 수 있다. 집안일은 우리 삶 속에서 중요한 습관이지만 전
부는 아니다. 집안일은 자신이 좋아하는 일을 하고, 쾌적하게 보

낼 시간을 늘리기 위한 수단이다.

예전에 나는 일주일에 세 번씩 청소기를 돌렸지만 요즘은 체력과 오염도를 생각해 일주일에 한 번만 사용하고, 일주일에 한 번 걸레로 바닥을 닦는다. 이것만 해도 집이 깨끗해지고, 청소를 게을리하지 않았다는 안정감과 성취감을 느낄 수 있다. 청소기를 돌릴 때의 육체 피로와 바닥의 오염 걱정에서 해방되어 몸과 마음에 여유가 생겼다.

물론 더러운 부분을 발견하면 못 본 체하지 않는다. 청소를 하지 않는 다른 날에는 청소된 상태를 유지하도록 신경만 쓸 뿐이다. 그러면 완벽하지 않아도 항상 정리되어 있으므로 깨끗한 내 집에서 안심과 행복을 느낄 수 있다.

나는 원래 집안일을 잘하는 사람은 아니었다. 하지만 잘하든 못하든 일단 다양한 방법으로 해보았다. 그러면서 실수도 자주 저질렀다. 그러는 동안 실패와 성공을 거듭하며 집안일에 필요한 지혜를 차곡차곡 모아두었다. 지금은 그 습관을 남은 인생에도 활용해 집안일 이외의 자유로운 시간을 누리고 풍요롭고 건강한 나날을 보내고 싶다.

앞으로 정리정돈에 도전한다고 해도 절대 무리해서는 안 된다. 어깨에 힘을 빼자. 집안일을 싫어하는 사람이나 특히 고령자는 정리의 달인, 청소의 달인이 되겠다거나 완벽주의를 내세울 필요가 없다. 자신에게 맞는 능숙한 방식을 찾는 것이 무엇보다 중요하다. 적당히 깨끗하다면 더러움도 받아들일 수 있는 넓은 마음도 중요하다.

집안일을
단순하게 하는 습관

생각하고 나서 움직인다

매일 가사노동을 할 때 생각하고 움직이는 것이 매우 중요하다. 무엇을 어떻게 할 것인지 머릿속으로 생각한 뒤에 몸을 움직인다. 다만 생각이 지나치게 많아서 몸이 따라가지 못하는 일만큼은 피하자. 귀찮다고 집안일을 대충하는 경우가 있는데, 이것은 무엇을 할지 생각하기 전에 버릇처럼 몸이 움직이는 것이라서 노력도 체력도 시간도 낭비하게 된다.

물을 끓이고 나서는 재빨리 주전자를 닦아둔다. 주방 싱크대나 조리대는 더러워지면 바로 닦는다. 어째서 이렇게 닦는 동작이 중요할까? 생각해보자. 단 수십 초의 가사노동 덕분에 주전자는 항상 깨끗하고, 굳이 얼룩을 제거하기 위한 청소나 손질도 필요 없다. 열이 남아 있는 동안에는 얼룩도 쉽게 제거된다. 이 수십 초의 동작만으로 시간과 노력이 절약된다.

이런 습관을 내 것으로 만들기까지 꽤 오랜 시간이 걸렸다. 익숙해질 때까지 이런저런 생각을 하는 시간이 소용없는 것처럼 느껴지기도 했다. 그러나 과학적인 집안일은 한번 익숙해지면 몇 시간이나 절약해준다는 사실을 알게 되었다.

그러니 오늘부터 생각하고 난 뒤에 움직이자. 이 습관은 약간의 두뇌 트레이닝을 하겠다는 마음으로 하면 어렵지 않다. 머지않아 짧은 인생에서 얼마나 많은 시간과 노력을 집안일에 헛되이 쏟았는지 깨닫게 될 것이다.

자신의 동작을 의식해본다

나는 지금까지 수십 년 동안 일과 집안일의 양립에 고민하며 여러 시행착오를 거쳤지만, 자신 있게 말할 수 있는 것이 있다. 바로 효율적으로 거침없이 행동하는 사람은 자신의 움직임을 의식하고 있다는 점이다. 일단 습관화하면 다른 사람에게는 아무 생각이 없는 기계적인 움직임처럼 보이지만 사실은 의식해놓은 자신의 행동이 머릿속에 로봇처럼 입력되어 있다.

집안일을 단순하고 효율적으로 해내려면 자신의 평소 행동을 유심히 관찰하는 일부터 시작해야 한다. 예를 들어 밥을 먹고 난 뒤에 식기를 정리할 때를 생각해보자. 식탁과 부엌을 몇 번이나 왔다 갔다 하고 있을까? 이럴 때 레스토랑에서 일하는 종업원의 솜씨는 매우 참고가 된다. 그들은 양손을 사용해 식탁의 식기를 한 번에 치운다. 목적을 위해 양손을 어떻게 효율적으로 사용할 것인지 의식하고, 그것을 습관화하고 있다. 그렇게 몇 번씩 같은 일을 반복하는 동안 양손이 항상 서로 협력하면서 기능하는 움직임이 습관이 된다.

일상생활에서도 휴대전화를 사용하면서 다른 한 손으로는 평소 못 보고 지나친 먼지를 털거나 닦을 수 있다. 오른손으로 이를 닦고 있을 때, 왼손으로 거울을 닦거나 세면대의 더러운 부분을 닦을 수도 있다.

한 번의 동작으로
다양한 작업을 한다

　이렇게 일석이조의 마음으로 일을 처리해보자. 단순한 동작으로 작업을 어떻게 끝내면 좋을지 지혜를 발휘해보자. 그러면 시간도 노력도 들지 않고, 집안일이 단순화된다. 효율적인 성과와 더불어 깨끗해진다는 성취감도 느끼게 해준다.

　나는 택배를 열어보면서 반드시 상자나 포장지를 접어서 바로 치우거나 저장할 수 있는 상태로 해둔다. 상자를 열어보면서 처분하는 작업을 동시에 진행한다.

빨리 움직이는 것은
중요하지 않다

진행하는 작업은 출발에서 도착까지 모든 것이 원활하고 확실하게 흘러가도록 의식한다. 오른손잡이인 사람은 왼쪽에서 오른쪽으로, 왼손잡이인 사람은 그 반대의 동작이 낭비 없이 원활하게 진행된다는 연구도 있다고 한다. 오른손잡이인 나는 자전거를 왼쪽에서 타야 동작이 자연스럽게 연결된다는 사실을 깨달았다. 참고로 이것은 어떤 실험을 통해서도 증명되었다고 한다.

움직임을 원활하게 하기 위해서

쓰는 곳에 물건을 놓는다.

오랫동안 집안일을 하면서 단순하면서도 마음 편히 집안일을 할 수 있는 규칙이라고 확신하고 있다. 아무리 기운이 넘치는 사람이라도 무슨 일이든 질질 끌면서 하면 이동 범위가 넓어지기 때문에 몸도 마음도 쉽게 지친다. 하물며 나이가 들면 움직임도 둔해지고 뭔가에 걸려 넘어질 위험도 있다.

가사 도구는 바로 꺼낼 수 있도록 사용하는 장소에 수납한다.

우리 집에서는 자주 쓰는 가위 등의 도구는 여러 곳의 서랍에 넣어두고, 언제든 그 자리에서 필요한 작업을 할 수 있도록 해두었다. 현관 서랍, 주방, 침실, 물론 서재에도 비치했다.

휴지통도 방마다 있으면 편리하다.

손톱깎이나 머리빗 등 개인이 사용하는 물건은 침대 옆이나 세면대 등 자신이 사용하는 장소에 두면 바로 꺼내 쓸 수 있다. 작은 휴지통도 방마다 있으면 바닥에 쓰레기가 흐트러지는 것을 방지할 수 있다.

한 번의 동작으로 할 수 있도록 한다.

주방 찬장이나 침실 선반에서 물건을 꺼내는 일은 번거롭고 귀찮다. 물건 하나를 꺼내려고 다른 물건들을 치워야 하거나 찾는 물건을 어디에 두었는지 떠오르지 않기도 한다. 꽤 심각한 상태이므로 한시바삐 정리정돈할 방법을 생각해야 한다.

쓸데없는 동작의 반복은 복잡한 집안일 그 자체가 된다. 그만큼 시간이 걸리고, 몸과 마음의 에너지가 낭비된다. 바쁘고 시간이 없는 사람이나 체력이 약한 노인은 몸은 물론 마음마저 지치고 만다.

자주 사용하는 물건은 항상 잘 보이고 손이 잘 닿는 곳에 수납한다. 손을 뻗기만 해도 쉽게 잡을 수 있도록 수납하는 일은 단순한 집안일의 기본이다.

나는 조리용 채반과 볼을 하나씩 겹쳐서 수납해두었다. 볼에 씻은 채소를 채반에 넣고 물을 빼는 작업을 위해서다. 볼과 채반을 세트로 두면 한 번 꺼내는 작업으로 세척과 물 빼기 두 가지 작업이 가능하다.

지금까지는 크고 작은 두 개의 채반과 볼을 겹쳐놓았지만, 채반과 볼 각각 하나씩만 있어도 충분하다는 것을 깨닫고, 지금은 큰 볼과 같은 크기의 채반을 세트로 두고, 다른 채반은 치워두었다.

　이렇게 물건의 수가 적어지는 만큼 주방이 깔끔해지고 관리도 편해진다. 사용하지 않는 식기와 도구를 처분하거나 보관 장소를 바꾸면 공간도 생기고, 평소의 동작과 청소를 간편하고 원활하게 할 수 있다.

주방은 생각하는 집안일을 위한 최고의 연습 장소

주방은 크게 싱크대, 조리대, 레인지, 냉장고, 찬장으로 나눌 수 있다. 식기와 채소를 씻고 자르는 싱크대, 식재료나 음식을 정리하고 펼쳐 놓기 위한 조리대, 식재료를 익혀 조리하는 레인지, 저장하기 위한 냉장고, 그리고 식기와 도구를 수납하는 찬장이 있다.

주방 도구는 사용하는 장소를 고려해서 꺼내기 쉬운 장소 가까이에 수납하는 것이 좋다. 시간과 노력을 크게 절약할 수 있기 때문이다.

주방 도구나 식기는 한 동작으로 꺼낼 수 있도록 한다. 찬장이나 서랍을 열면 바로 손이 닿아야 한다. 사용 빈도가 높은 물건을 바로 꺼낼 수 있는 장소에 두는 것이다. 잘 사용하지 않는 큰 통이나 파티용 큰 접시는 꺼내기 어려운 찬장 안쪽이나 상부에 비치한다.

조리대에는
가능한 한 아무것도 두지 않는다

조리대에 아무것도 두지 않으면 요리를 하면서 밀가루를 반죽하거나 음식을 담을 식기를 펼쳐 놓는 등의 어떤 작업이든 하기 쉽고, 더러워지면 한 번에 닦아낼 수 있다. 항상 깨끗한 조리대는 주방 일을 편하게 해준다.

찬장이나 조리대도 평소에 자주 사용하는 식기나 도구를 바로 꺼낼 수 있도록 방법을 궁리해보자. 도구나 식기의 배치를 생각해 자주 사용하는 식기나 조리 기구는 앞쪽에 비치해두면 편리하다.

무겁고 큰 식기는 아래쪽에 놓고, 가벼운 물건은 높은 곳에 놓는다. 레스토랑이나 외국의 주방처럼 냄비, 프라이팬, 조리 기구 등을 벽이나 낮은 천장에 매달아 두는 방법도 있다.

우리 집 주방에는 조리용 국자, 긴 젓가락, 뒤집개 등 자주 사용하는 조리 도구를 마치 꽃꽂이하듯이 투명한 유리 화병에 꽂아 레인지 주변의 창가에 올려놓았다. 창가 뒤로 숲이 보이기 때문에 잘 어울리기도 하고, 조리하면서 바로 집을 수 있는 위치라서 매우 편리하다.

이 방법은 내가 한 일이지만 마음에 쏙 든다. 이처럼 조금만 머리를 굴려서 지혜를 살리면 흥미롭고 참신한 아이디어가 떠오르기 마련이다.

가족들이 벗어 놓은 빨랫감을
고생스럽게 모으고 있다면

더러워진 빨랫감을 바구니에 넣는 동작이 자연스러워지려면 옷을 벗는 장소에 빨래 바구니를 두면 된다. 벗는 동작과 바구니에 넣는 동작이 한 번에 연결되기 때문에 온 가족이 쉽게 습관을 들일 수 있다.

생각하고 움직이면 가사노동은 상당히 줄어든다. 이것이야말로 과학적으로 생각하는 집안일이라고 할 수 있다.

전문가의 작업을
관찰하고 따라 한다

전문가를 따라 하는 것도 추천하는 방법이다. 레스토랑에서 식
사를 하거나 집에 청소 전문가가 오는 기회를 포착해서 전문가
의 행동을 확실히 관찰해보자. 청소든 음식 서빙이든 어떤 일을
하면서 돈을 버는 사람에게는 작업을 효율적으로 하는 방식과
도구가 있다. 전문가는 질 좋은 서비스를 시간 내에 끝내야 한다.
그러려면 일을 단순화하는 것이 중요해진다.

내가 독일에 살던 시절, 유리창을 전문으로 닦는 사람이 정기적
으로 집에 왔다. 나는 그 사람이 유리창을 빠르게 닦는 방법과 도
구를 가만히 관찰했고, 많은 아이디어를 얻었다. 그 방법을 토대

로 귀국한 후에 청소 회사까지 차렸을 정도다.

그 사람이 유리창을 다 닦은 뒤에 어깨를 으쓱하고 반짝거리는 유리창을 가리키면서 "분더바(Wunderbar, 훌륭하다)!"라고 자화자찬하던 모습이 아직도 눈에 선하다.

계획성 있게 집안일을 한다

흔히 계획만 하고 실천은 못하는 경우가 많다. 떠맡은 일이나 다른 사람을 따라 하는 일은 대개 제대로 되지 않는다. 하물며 다른 사람의 계획을 참고만 하지 않고 그대로 따라 하려고 하면 현실적이지 않은 것이 많다.

지난 몇 년 동안 나는 잡지사나 신문사에서 대청소와 관련된 취재 요청이 오면 전부 거절했다. 나는 매일 일정에 따라 청소하지만, 대청소는 하지 않기 때문이다. 내가 직접 해보고 잘된 일들을 소개하는 것이 현실적이라고 생각한다.

잡지에서 읽은 대청소 계획은 참고할 수 있지만, 그대로 하기에는 무리가 있다. 그런 내용을 보는 것만으로 만족하고 위안으로 삼았다면 모르겠지만, 해보겠다고 진지하게 생각하면 오히려 마음의 부담이 될 수 있다.

고지식한 사람일수록 다른 사람이 세운 계획을 곧이곧대로 실천하려다가 실패하고, 자기 비하에 빠질 수 있다. 치워야 할 것은 산더미인데, 의욕도 솟아나지 않고, 해냈다는 성취감도 느끼지 못한 채 하루가 저물어가는 것이다.

사람은 저마다 라이프스타일이 다르다. 다른 사람이 계획한 집안일은 비현실적인 경우가 많아 모든 사람에게 적합하다고 단정할 수 없다. 그러니 할 수 있는 부분, 즉 좋은 것만 취하면서 자기만의 방식으로 변형하면 된다. 제대로 계획을 세우고 평소 부지런히 집안일을 하는 습관이 있다면 굳이 대청소를 할 필요는 없다. 현명한 집안일을 목표로 하자.

그렇다면 어떻게 계획성이 몸에 밸 수 있을까? 저마다 라이프스타일이 있듯이 계획도 자기만의 스타일이 필요하다. 인생에는 좋은 일도 있고, 나쁜 일도 일어나듯이 예기치 못한 사건이 줄줄이 따라온다. 사람도 인생도 완벽하지 않은 법이다.

집안일에도 반드시 이래야 한다는 정답은 없기에 요령껏 일하고, 적당히 했으면 만족해야 한다. 어느 정도 융통성이 있는 계획을 세우고, 실제로 많은 것을 해내면 된다. 능력의 절반이라도 발휘하면 되는 것이다.

일정을 짤 때는 언제든지 변경할 수 있도록 자유도를 높이는 것이 최선이고 현실적이다. 집안일도 인생도 영원한 것이 아니기 때문에 상황에 따라 횟수를 줄이거나 요일을 변경하면 기분도 전환되고, 집안일이 매너리즘에 빠지는 것을 막을 수 있다.

이미 말했듯이 나는 현재 가족 수와 체력을 고려해 청소기 돌리는 일을 기존의 주 세 번에서 한 번으로 줄였다. 청소기 돌리는 시간과 노력이 줄어든 만큼 내가 누릴 수 있는 자유시간이 늘어나 하루를 더 알차게 보내는 느낌이다. 횟수가 줄었다고 해도 청소는 하기 때문에 얼룩이 쌓이지 않고, 쾌적한 집 안 상태 역시 이전과 다르지 않다.

독일에 살 때 알고 지내던 어떤 주부가 회사 일 이외의 일정과 가족 및 친구의 생일, 게다가 집안일의 일정까지 적어놓은 수첩을 가지고 다니는 모습을 보고 감동한 적이 있다. 최근에는 일하는 주부가 증가하면서 수첩이나 휴대전화에 업무와 그 이외의 일정을 적어서 가지고 다니는 사람이 많지만, 당시에는 청소, 빨래, 쇼핑 등 집안일까지 정해진 일정에 따르는 독일인의 계획성에 신선함을 느꼈던 기억이 생생하다.

자신의 예정을 메모하고, 밤에 자기 전에 반드시 수첩을 보는 습관이 있으면 중요한 사항을 잊고 당황할 일도 없다. 업무를 할 때 일정과 관련된 실수를 자주 하는 것은 대개 적어놓았다는 사실에 안도하고, 정기적으로 수첩이나 메모를 확인하지 않기 때문이다.

계획의 장점은 자신의 행동에 계속 에너지를 주입할 수 있다는 점이다. 한 가지 일을 완수해놓고 만족한 뒤에 다음에 할 일이 있으면 새로운 에너지가 솟아난다. 계획성이 있으면 다음에 무엇을 해야 하는지 헤매거나 고민하지 않아도 된다.

물론 아무것도 하지 않고 멍하니 보내는 시간도 가끔은 필요하다. 나는 계획이나 일정 사이에 일이 없는 시간이나 날을 마련해 텔레비전을 보거나 책을 읽으면서 몸과 마음에 휴식을 준다. 이렇게 하면 다음 일정으로 향하는 마음이 긍정적으로 되고, 의욕이 솟는다.

완벽한 집안일은
없다

　집안일은 정기적으로 무엇을 얼마큼 하기로 정해놓고, 80퍼센트라도 달성할 수 있다면 나머지는 신경 쓰지 않아도 된다. 집안일을 철저히 자주 하려고 하면 시간과 노력을 들이는 것에 비해 효율이 떨어진다. '나무만 보고 숲을 보지 못하는' 상태에 빠지기 쉽다.

　그런 집에 방문해보면 어떤 청소나 정리를 하고 있는지 의문스러울 때가 있다. 집안일은 해도 해도 끝이 없기에 집 안 전체가 객관적으로 깨끗해 보이는 요령이 필요하다. 전력을 다해 한 곳만 깨끗하게 청소한다고 해도 전체적으로 너저분하다면 아름다워 보이지 않는다.

집안일은
균형 있게

집안일은 전체적으로 살펴보는 균형 감각이 필요하다. 특히 청소는 적당한 청결이 유지되면 나머지는 허용하는 관대함이 필요하다. 물론 작은 오염은 매일 신경 써야 한다. 일정을 정해놓고, 계획적으로 진행하면 집안일을 하는 시간을 줄일 수 있다.

청소기를 돌리는 것은 주 1회, 특정 요일로 정해두면 청소기를 넣고 꺼내는 동작이 한 번으로 끝난다. 다림질은 날짜를 정해서 한꺼번에 여러 장 한다. 이렇게 하면 다리미를 꺼내어 데웠다가 치우는 동작이 한 번에 끝난다. 잔열을 이용할 수도 있어 전기세도 아낄 수 있다. 참고로 나는 한 번에 다림질하는 매수를 와이셔

츠 석 장까지로 정해놓았다.

청소기나 다리미를 쓰거나 유리창이나 욕실을 닦는 것처럼 체력이 필요한 가사노동은 자신이 힘들지 않고 할 수 있는 분량을 알아둔다. 집안일이 싫어지지 않도록 체력의 70퍼센트 정도만 사용하고, 남은 힘은 다른 곳으로 돌리도록 한다.

한 조사에 따르면 싫어하는 집안일 1위는 다림질, 2위는 무려 청소라고 한다. 여담이지만, 계획적으로 집안일을 하는 독일인은 다림질을 좋아하는 사람이 많아 보였다.

집안일은 아무리 해도 끝이 없고, 체력을 너무 많이 쓰면 성취감도 희미해진다. 계획적으로 집안일을 하면 할 일을 잊지 않고 처리할 수 있고, 지나치게 하는 것도 막아준다.

일주일에 한 번이라도 일정을 소화하면 완수했다는 만족감을 얻을 수 있다. 일정이 정해져 있지 않으면 언제 청소를 했는지도 모르고, 항상 하다 만 느낌으로 집 안에 쌓인 먼지나 얼룩 때문에 짜증이 나서 마음이 안정되지 않는다. 바닥에 얼룩이 있어도 "청소기는 정해진 요일에 돌려야지"라고 선을 긋는다. 쓰레기를 줍고, 얼룩을 살짝 닦기만 해도 충분히 만족할 수 있다.

계획적으로 집안일을 하는 습관은 자신의 생활방식에 자신감을 주고, 몸과 마음을 편하게 해준다.

언제나 깨끗한 집은
존재하지 않는다

나는 항상 마음을 다잡는다. 사람이 살든 안 살든, 요리를 하든 안 하든 집 안은 더러워지는 법이라고. 반짝거릴 정도로 깨끗한 호텔이나 병원 같은 곳은 끊임없이 사람의 손길이 필요하다고.

우리 집도 홈파티가 열려 손님이 다녀가면 그 순간에는 지저분하고 더러운 상태가 된다. 이때 중요한 것은 일시적으로 더러워지는 것은 허용하더라도 반드시 단시간 안에 본래의 정리정돈된 상태로 되돌려야 한다는 사실이다.

홈파티에서 나온 쓰레기는 반드시 그날 정리하고, 지저분해진 식기는 아무리 피곤해도 당일에 씻어서 깨끗이 정리한다. 물론

1장 단순하게 생활한다 _단순한 삶은 집안일부터

큰 쓰레기봉투를 준비해 파티를 하는 틈틈이 쓰레기를 모아놓고, 지저분한 식기를 정리해서 뒤에 할 가사노동을 최대한 줄이는 일도 잊지 않는다. 피곤한 상태에서 뒤처리하는 일만큼 싫은 것은 없으니 말이다.

모든 집안일은 지금까지의 경험을 참고해서 더 나은 방법을 생각하고 실행에 옮긴다. 자신에게 부담이 되지 않는 방법을 이리저리 궁리해보자.

○
계획에
유연성을 준다

 비즈니스와 마찬가지로 가사노동도 계획적이어야 한다. 지루하고 끝이 없어 보이는 집안일을 긍정적이고 과학적이며 희망적인 작업으로 발전시켜보자. 그리고 자신에게 즐거운 일로 만들어나가자.

 집안일이나 업무를 끝내야 할 때 시간을 신경 쓰면 대충하지 않으면서도 빠르게 완수할 수 있는 일이 있다. 이때 에너지를 집중시켜 성취감과 자신감과 삶의 보람을 느낄 수 있다. 이를 위한 계획이나 방법을 생각해 실행하고, 만족스럽게 처리되면 다행이라는 생각이 든다.

계획적이고 효율적이며 단순하게 집안일을 하는 습관은 누구에게나, 어떤 일을 하든지 간에 도움이 된다. 가사노동으로 터득한 것은 몇 살이 되어도 어떤 사회에서도 응용 가능하다.

하지만 앞서 언급했듯이 모든 일이 항상 원활하게 진행될 수는 없다. 살다 보면 어떤 예정에도 계획에도 없는 일도 일어난다. 청소하는 날에 친구가 찾아오거나 가족 중 누군가가 감기에 걸려 열이 날 수도 있다.

계획을 확실히 세우고 실행할 의사를 중요시하는 것은 어디까지나 자신의 생활을 단순화하기 위한 기준이다. 중단하거나 쉬거나 달성하지 못해도 흔들림 없이 유연하게 대응해야 한다. 일정은 바꾸면 그만이다.

중요한 것은 집안일의 효율을 높이는 습관이 자신의 손발처럼 될 때까지 지속하는 것이다. 그러려면 계획을 세우거나 일정을 기록하는 작업을 잊지 않아야 한다. 양치질을 하거나 세수를 하듯이 하는 것이다.

항상 깨끗함을
유지하기 위해서

나는 일주일에 한 번 청소기를 돌린다. 한 번에 15분 정도의 가사노동이라고 해도 인생의 귀중한 시간을 청소라는 집안일에 소비하기 때문에 그 깨끗해진 성과를 확실히 유지하려고 한다.

청소 후, 정리 후 깨끗하게 정돈된 상태가 유지될 수 있도록 신경 쓴다. 물건을 옮겼다면 반드시 제자리에 가져다 둔다. 더러워지면 잽싸게 닦고, 쓰레기를 보면 그냥 두지 않는다. 이런 습관만 있으면 집 안이 쓰레기나 얼룩으로 수습이 안 되는 지경에 이르지 않는다.

다시 말하지만 방치해놓고 손도 대지 않은 채 항상 깨끗한 집은 이 세상에 존재하지 않는다. 어느 정도 수고를 들여야 사람도 집도 질서가 잡힌다.

질서정연하게 정돈된 생활에는 그곳에 사는 사람의 성취감과 만족감, 그리고 행복한 공기가 감돌고 있다.

메모하는 습관도
중요하다

나는 작은 무제 노트를 수첩 대신 들고 다닌다. 최근에는 텔레비전을 볼 때, 신문이나 책을 읽을 때도 곁에 두고 감명 깊은 말, 읽어보고 싶은 신간, 요리 프로그램의 레시피 등을 메모하고, 심지어 그날 아침에 먹은 메뉴까지 적어 놓는다.

무엇을 먹었는지를 생각하면서 아침 메뉴를 적기 때문에 두뇌 트레이닝은 물론 일상적인 건강 관리까지 할 수 있다. 아침식사 후 바로 쓰기 때문에 내친김에 오늘 할 일, 회의 예정, 쇼핑 등의 일정도 생각하면서 적는다.

이 습관이 몸에 배기까지 10년이 걸렸는데, 계획, 예정, 메모가

쓰여 있는 이 수첩에는 달성할 수 없는 항목도 들어 있다. 하지만 자신의 행동을 객관적으로 바라보게 해주고, 단순하게 살기 위한 분신이자 기준이 되어준다.

일정은 반드시
우선순위를 의식한다

집의 넓이나 가족 수, 경제 사정 등을 불문하고, 일단 해야 할 집안일의 기본은 똑같다. 자기만의 일정을 세우는 데에 필요한 집안일의 기본은 다음과 같다.

- 설거지는 자주 한다.
- 빨랫감이나 다림질할 옷은 쌓아두지 않는다.
- 더러워지면 바로 깨끗이 한다.
- 청소기나 바닥 청소는 정기적으로 한다.
- 바닥에 떨어진 것은 즉시 줍는다.

1장 단순하게 생활한다 _단순한 삶은 집안일부터

- 균형 잡힌 식사를 정시에 만들어 먹는다.
- 물을 사용하는 곳은 항상 청결하게 한다.
- 현관은 신발을 가지런히 두고, 항상 깨끗하게 정돈한다.
- 식재료는 계획적으로 구입한다.

아무리 바쁘더라도 이 기본만 지키면 충분하다.

매일 조금씩 하는 집안일

이 세상에 호텔이나 모델하우스처럼 깔끔하게 정리되어 있고, 항상 깨끗하게 청소가 잘된 집은 일반 가정에 존재하지 않는다.

아침에 이를 닦으면 그것으로 끝이 아니라 점심에도 저녁에도 해야 한다. 아침식사가 끝나면 점심과 저녁, 또 다음 날 아침식사를 준비해야 한다. 살아 있는 한, 생활에는 수고가 들어가고, 신경 써야 할 일이 있다.

많은 시간과 노력을 들여 대청소로 집 안을 깨끗하게 해도 일시적일 뿐 그 상태가 영원히 유지되지는 않는다. 그래서 우리 집은 대청소를 하지 않는다. 하지만 생활을 단순하고 편안하게 만들기 위해 '매일 조금씩 신경 쓰기'를 신조로 하고 있다.

정리정돈 달인의 요령

집 안은 항상 깨끗하지 않아도 된다. 어질러지는 것은 한순간이다. 그러나 정해진 장소로 정해진 물건이 돌아가야 한다는 것이 우리 집의 신조다.

나이와 관계없이 집안일 이외에도 할 일이 있다. 따라서 매일 청소광처럼 집 안 상태에 신경을 쓸 수는 없다. 집안일 말고도 할 일이 많기 때문이다. 다만 온 집 안이 어질러지고 더러워진 상태라면 매일 혹은 일주일에 두세 번 하는 작은 집안일보다 시간과 노력이 상당히 소요된다.

매일 몇 분의 가사노동으로 적당히 깔끔하고 차분한 집 안 상태를 유지할 수 있다면 나에게도 가족들에게도 우리 집이 가장 쾌적하고 아늑한 장소가 될 것이다.

"돈은 모아도 얼룩은 모으지 않는다."

내가 마음을 다잡을 때 스스로 하는 말이다. 매일 조금씩 신경 쓴다면 청소나 정리하는 데에 몇 시간씩 소비하지 않아도 된다.

○ 부지런히
집안일 하기

어떤 일이나 마찬가지지만, 매일 부지런히 관리하는 것이 가사 노동을 줄이는 지름길이다. 더러워진 식기나 도구는 사용하면 바로 씻는다. 바닥에 물건을 떨어뜨리거나 흘리면 바로 줍거나 닦는다. 모든 얼룩은 바로 닦으면 쉽게 지워지고, 시간도 걸리지 않으며, 마음도 가벼워진다.

나중에 하겠다고 방치하거나 설거지할 그릇, 정리할 물건을 쌓아두면 가사노동에 들어가는 시간과 에너지가 곱절로 들어간다. 게다가 더럽고 지저분한 집 안과 싱크대에 쌓인 설거지는 볼 때마다 짜증을 유발한다.

가족 수가 적다고 해도 빨래는 매일 조금씩 한다. 정기적으로 하면 속옷이나 의류의 수가 많지 않아도 되고, 시간도 걸리지 않는다.

나는 자연을 좋아해서 바다나 숲에 자주 가는데, 여름에 오래 머물며 아침저녁으로 야외 운동을 즐기는 숲속 산장에서는 더러워진 옷을 세탁에서 건조까지 기계에 맡긴다. 반면 한 번 갔을 때 1박에서 2박 정도로 짧게 머무는 바닷가 집에서는 주로 손빨래를 한다.

담요나 큰 시트는 지하에 있는 공유 빨래방에서 하는 게 편리해서 세탁기를 두지 않았다. 그러자 가족들이 어느새 자신의 속옷이나 더러워진 식기를 직접 씻게 되었다. 가사 분담과 셀프화는 문명의 이기가 없는 편이 더 잘 될지도 모르겠다.

물건이 있어야 할 곳에 있고, 사용하면 제자리에 돌려놓는다. 지금 하면 몇 초 단위로 끝날 일이 나중으로 미루면 몇 시간의 가사노동이라는 청구서가 되어 돌아온다.

열차나 전철은 초 단위까지 맞춰서 운행된다. 우리도 매일 몇 초 단위로 집안일을 해보자. 물론 시간을 정확히 지키는 대중교통처럼 완벽하게 집안일을 할 필요는 없다.

보이는 데만 깨끗하게 해도 된다. 생활공간, 주거공간을 신경 쓰는 것은 자연스럽게 매일 하는 습관이 중요하다.

집안일의 선행 투자

생각해서 집안일을 하는 사람이라면 저녁식사 때 준비한 양상추를 여유 있게 씻어서 다음 날 아침 샐러드용으로 냉장고에 넣어두면 아침식사 준비가 편하다는 것을 알고 있다. 지금 집안일을 하면서 나중에 할 집안일의 일부를 동시에 하는 것이다. 또한 저녁식사와 아침식사 때 먹을 양상추를 뜯어서 씻는 동작이 한번에 끝난다.

집안일의 선행 투자란 나중을 위해 지금 시간과 노력을 들이는 것이다. 어떤 작업이든 준비, 작업, 그리고 정리의 3단계가 존재한다. 준비와 정리는 시간도 수고도 많이 들어간다.

밤에 집안일을 하면서 미리 준비해두면 다음 날 아침 양상추를 뜯어서 씻는 수고와 시간을 덜 수 있어 아침식사 준비가 훨씬 단축되고 편해진다.

부엌일은 선행 투자가 효과를 발휘하기 쉽다. 식사는 가족 수에 상관없이 한 번에 넉넉하게 만들어 냉동 보관한다. 그러면 요리하는 귀중한 시간과 재료의 낭비도 없어진다.

나는 저녁에 구운 치킨을 넉넉히 준비하고, 사흘 후부터 남은 치킨을 닭튀김용으로 양념에 재워둔다. 이렇게 하면 준비하는 과정이 줄어들고, 남은 음식이 다른 레시피로 변신한다. 게다가 사흘 후의 레시피를 고민하는 수고도 덜 수 있다.

밤에는 다음 날 아침 준비를 하고, 아침에는 저녁 준비를 한다. 저녁식사 준비나 뒷정리를 하면서 다음 준비를 하는 것이다.

나는 단추 달기나 레이스 뜨개질을 매우 좋아한다. 시간이 있으면 이것저것 생각하면서 두뇌 체조를 할 수 있어 그 시간이 소중하다. 그래서 생각이 나면 '작업'에 빠르게 착수하기 위한 궁리를 빼놓지 않는다. 단추 달기를 마치면 사용한 만큼 실을 바늘에 꿰어놓고, 정리를 하면서 다음 준비를 한다.

색색별로 실을 꿰어놓은 바늘을 체크하고, 가위나 도구가 갖추어져 있는지 확인한다. 반짇고리를 열면 나중에 작업이 바로 착수될 수 있도록 해둔다. 시간으로 따지면 몇 분의 정리와 준비 작업 덕분에 나중에 단추를 달거나 실을 찾거나 바늘에 실을 꿰는 과정 없이 바로 시작할 수 있어 힘들지 않다.

레이스 뜨개질은 정해진 장소의 서랍에서 꺼내면 마음이 내킬 때 항상 할 수 있다. 어디서부터 어떤 뜨개질로 시작하면 되는지

1장 단순하게 생활한다 _단순한 삶은 집안일부터

지난번에 정리하면서 메모를 붙여 두었기 때문이다. 물론 정해진 장소에 제대로 돌려놓는 것을 잊지 않는다.

모든 가사노동이 힘들어지는 원인은 대개 준비가 귀찮기 때문이다. 사용했을 때는 반드시 내일을 위해 손을 써두고, 상태를 체크하면 된다. 이런 뒷정리를 대충하면 나중에 준비하는 데에 시간이 걸려서 작업에 착수하기까지 몸과 마음이 피곤해진다.

고장 난 청소기를 수리하지 않고 방치하면 정작 필요할 때 사용할 수 없다. 전기제품 수리는 시간이 오래 걸리고 번거롭다. 더러운 걸레도 사용한 후에 깨끗이 빨아서 말려 두면 다음에 금방 기분 좋게 쓸 수 있다. 세제나 비누가 떨어졌는데 구매하는 것을 잊어버리면 화장실도 주방도 닦을 수 없고, 몸도 씻을 수 없다.

집 안에서도 열거하자면 끝이 없을 정도로 뒷정리를 충분히 하지 않으면 준비에 시간과 수고가 들어가는 일이 많다. 그러면 준비하면서 짜증이 심해진다.

○
집안일을 단순하게 하는 습관이
인생을 풍요롭게

저녁을 준비하면서 사용한 도구와 장소를 깨끗이 정리하는 일만으로 식사 후의 정리가 꽤 편해진다. 식탁에 음식이 다 차려졌을 때 주방이 깔끔하게 정리되어 있으면 기분 좋게 천천히 식사를 즐길 수 있고, 대화도 활기를 띠게 된다.

내일 준비를 밤에 해두면 바쁜 아침 집안일이 조금 편해진다. 나는 자기 전에 운동할 겸 집 안을 둘러본다. 바닥에 물건이 떨어져 있지는 않은지, 싱크대에 물기가 남아 있지는 않은지, 현관에 신발이 가지런히 놓여 있는지 본다. 쓸고 닦는 청소는 하지 않지만, 물건이 제자리에 있는지 간단히 체크한다. 방범을 위해 현관문이 잠겨 있는지도 확인한다.

　다음 날 입고 갈 옷이나 소지품을 내놓는 김에 얼룩진 곳이 있는지, 실밥이 나와 있지는 않은지, 단추가 떨어지지 않았는지도 확인한다. 회의용 자료도 살펴보고, 현관에는 신고 나갈 신발을 미리 준비해둔다.

　이렇게 내일을 준비해두면 안심하고 푹 잘 수 있을 듯한 느낌이 든다. 정리된 집 안에서 느긋한 기분으로 맞이하는 쾌적한 아침은 '오늘 하루도 힘내자'라는 마음이 들게 한다. 집안일을 단순하게 하고, 부담을 줄이는 것은 자신의 쾌적한 생활을 위한 것이다.

능숙하게 쇼핑하기

　식재료를 구매하는 일이 가끔 괴롭게 느껴지지 않는가? 할인하는 의류를 이리저리 살피면서 쇼핑하는 것은 즐겁지만, 요리를 위한 식재료 구매는 일상적으로 하는 집안일이므로 매너리즘에 빠지면 즐거움이 반감된다. 갑자기 먹고 싶은 음식의 재료를 구매하는 일은 제외하더라도 말이다.

　요리를 좋아하든 싫어하든 식재료 쇼핑을 계획적으로 단순하게 하면 지갑도 마음도 넉넉해진다. 슈퍼마켓이나 백화점 지하는 결코 공복에 가지 말자. 방문하기 전에 사탕이나 쿠키라도 입에 넣는다. 이것저것 다 먹고 싶으면 예정이 없던 것까지 사게 될 위험이 있다.

쇼핑 목록이나 메모를 지참하면 구입할 물건을 잊어버리거나 같은 물건을 살 일도 없어진다. 슈퍼나 백화점 지하에서 보내는 시간도 낭비 없이 효율적이고 유용하게 쓸 수 있다.

쇼핑 횟수를
줄인다

독일에 살기 시작했을 무렵 합리적이고 과학적인 독일인의 생활방식을 보고 감탄한 적이 있다. 쇼핑하는 방법에도 그런 모습이 나타나 있었다.

독일에는 '상점 폐점법'이라는 법률이 있어, 상점을 여는 시간과 요일이 엄격하게 규제되고 있다. 기본적으로 일요일, 공휴일 영업은 금지되어 있고, 내가 살던 시기에는 평일 7시부터 18시 반까지, 토요일은 14시까지만 쇼핑을 할 수 있었다. 최근에는 법이 개정되어 평일, 토요일 모두 폐점 시간이 20시가 되어 퇴근길에도 쇼핑을 할 수 있게 되었다.

얼마 전 독일에 갔을 때 일요일에는 문을 닫는다는 사실을 까맣게 잊는 바람에 월요일 귀국 전에 쇼핑하겠다는 계획이 모두 물거품이 되었다. 나는 문이 닫힌 가게 앞에서 창가에 진열된 상품을 원망스럽게 바라볼 수밖에 없었다.

가게별로
살 물건을 선택한다

나는 오랜 쇼핑 경험을 통해 고기와 생선, 채소와 과일은 어디에서 살지 머릿속에 새겨 두었다. 백화점 지하도 매장마다 각기 특색이 있고, 잘하는 것이 다르다. 나는 고기와 생선을 살 때는 귀찮아도 각기 다른 백화점 지하를 선택한다. 신선도나 다양한 종류 등을 기준으로 삼고 있다. 채소나 과일도 저마다 가게를 선택해서 계획적으로 구매한다.

구매해두는
습관

최근 주말에 대형 슈퍼마켓에 가보면 가족 단위의 쇼핑객들로 붐비는데, 예전부터 독일인은 토요일에 일주일치 식재료와 생필품을 대량으로 구매하는 습관이 있다. 대량으로 구매하면 한 번에 쇼핑한 양은 증가하지만, 비교적 저렴하게 구매할 수 있어 경제적으로 살림에 보탬이 된다.

떨어지면 안 되는 두루마리 휴지, 물, 조미료, 술 등 쟁여두고 싶은 물건의 목록을 만들어 구매 기준을 세우면 낭비를 막을 수 있다.

나는 조미료처럼 꼭 필요한 물건은 여분을 확보해둔다. 예를 들어 간장이나 기름 등은 반쯤 사용하면 한 병을 보충한다. 주방 서랍 속에 불투명 랩이나 알루미늄 포일 등은 사용 중인 것 외에 하나를 더 구비한다. 그래서 옛것과 새것이 사이좋게 두 개씩 나열되어 있다.

다 쓰면 반드시 자동으로 채워놓는다. 그러다 보면 없어지기 전에 보충하는 습관이 자연스럽게 몸에 밴다.

2장

단순하게
소유한다

물건과의 관계를 깔끔하게

집에서 보내는 시간을
소중히 한다

단순하고 풍요로운 인생을 살기 위해서라도 집에서 보내는 시간을 소중히 하자. 그러기 위해서는 어떤 집에 살든 정리정돈이 되어 있어야 한다. 청소하기 쉽고, 필요한 물건이 제자리에 있으면 마음이 편안해 쾌적한 나날을 보낼 수 있다.

앞서 말했듯이 정리정돈된 환경은 단순한 생활에 필수다. 나이가 들면 청소하기가 힘들어서 더 작은 집으로 옮기고 싶다거나 수납할 장소가 없어서 넓은 집으로 옮기고 싶다는 생각이 들 수 있다. 그전에 적어도 지금 사는 집을 정리정돈해야 한다. 안이하게 살 곳을 찾는 것은 『월든Walden』의 저자 헨리 데이비드 소로

Henry David Thoreau가 말했듯이 집을 소유하는 것이 아니라 집에 소유되는 처지가 된다. 주거와 물건은 능력의 범위 내에서 적당히 관리할 수 있으면 자신이 지배하고 있다고 실감하게 되어 생활이 편안해진다.

난잡한 물건들에 둘러싸인 생활은 몸과 마음에 악영향을 미친다. 아인슈타인의 이론에 따르면 모든 것은 에너지로 구성되어 있다고 한다. 만약 난잡한 물건들을 눈앞에 두고, 어떻게든 하고 싶은데 의욕이 나지 않고 우울한 기분이 든다면 어떻게 해야 할까?

너무 많은 것들이 집 안의 공간을 차지하면, 거기서 나오는 에너지가 새로운 무언가를 생각하고 긍정적인 행동을 하려는 여러분의 의욕 에너지를 방해하고 있을지도 모른다.

정리정돈하는 습관으로
집도 사람도 건강하게

정리정돈된 집 안에 있으면 마음이 안정된다. 물건이 어지러이 흩어져 있어서 쉽게 찾지 못해 짜증이 날 일도 없고, 계획 없이 집안일을 해서 도구나 재료가 부족해 초조할 일도 없으며, 쓸데 없고 비효율적인 움직임으로 피곤할 일도 별로 없기 때문이다.

물건이 많으면 구석구석 청소가 되지 않고, 먼지가 쌓여 비위생적이고 건강하지 못한 집이 된다.

필요한 것을 바로 손에 넣을 수 있고, 항상 구석까지 손길이 미치는 깨끗하고 질서정연한 생활은 성취감과 행복감을 주기 때문에 마음이 안정된다.

2장 단순하게 소유한다 _물건과의 관계를 깔끔하게

우선
자기 주변 정리부터

한 조사에 따르면 길거리에서 생활하는 사람을 제외하고, 누구나 평균 만 개 이상의 것을 가지고 있다고 한다. 세상에 물건과 정보가 범람해 자신의 관리 능력 이상으로 너무 많은 것을 가지고 있어 어떻게 해야 할지 고민하는 사람도 많아졌다.

한 지인이 완벽한 정리정돈에 관한 책을 읽고 집 안 구석구석을 돌아다니며 필요 없는 것들을 모두 처분했더니 후회와 허전함으로 우울증이 찾아왔다고 한다. 병원이나 호텔처럼 필요한 것만 두고 있는 공간은 너무 기능적이라서 장시간 있으면 마음이 허전해진다.

우리 집은 어느 쪽인지 따져보자면 가구나 물건이 많은 편이다. 청소하기 쉽고, 자신이 관리할 수 있는 범위의 물건들이 정리 정돈되어 있다면 완벽하게 정돈된 기능적인 집보다 적당히 있는 편이 마음에 안정과 안심을 줄 것 같다.

밖에서 아무리 피곤해도 집에서 내 마음에 드는 것에 둘러싸여 있으면 행복한 기분이 드는 법이다. 물건을 줄이면 줄일수록 생활이 단순해질 것 같지만, 그것도 적당히 해야 한다. 각자 성격에 따라 다르겠지만, 물건 정리는 한 번에 하지 말고 단계적으로 본인의 마음과 상담하면서 계속 단순화하는 것이 최선이다. 물건을 정리하는 것이 곧 자신의 인생을 정리하는 일이 되기 때문이다.

각 방의 역할을
정한다

집은 거주하는 사람의 인생 그 자체다. 좁든 넓든 상관없이 지금 자기 삶의 방식, 생활방식, 정신 상태까지 반영되어 있다. 게다가 눈에 보이지 않는 방의 냄새와 공기, 오염의 빈도와 정도까지 사는 사람마다 다르다는 것을 알고 있는가?

내가 막 청소 회사를 설립했을 무렵, 이사를 나가서 사람이 없는 아파트를 청소했는데, 과거에 거주했던 사람의 생활 흔적을 보면 대략적인 라이프스타일을 상상할 수 있었다. 흡연하는 사람이 살았던 집은 벽이 담뱃진으로 누렇게 얼룩져 있고, 요리를 좋아하지만 청소는 싫어하는 사람의 집은 레인지나 환풍기 주변에 기름때가 끈적끈적 달라붙어 있다.

"높이 나는 새는 흔적을 남기지 않는다"라고 했다. 제대로 생활한 사람의 집 안은 사람이 떠난 후에도 깨끗하고 상쾌한 느낌을 준다.

자신이 사는 장소나 방을 확인해보자. 자신의 생활방식이 어떻게 나타나고 있는가? 단순하게 산다는 것은 과학적이고 시스템적으로 집 안 전체가 깔끔하게 정리되어 있는 것에서 시작한다.

물건을 버리거나 정리하는 것이 서툰 사람이야말로 우선 해야할 일이 있다. 지금 사는 집의 각 방과 장소의 역할을 생각하고 결정하는 것이다.

바닥

바닥에는 물건을 늘어놓지 않는다. 독일에는 "바닥에 물건이 있으면 돈이 모이지 않는다"라는 말이 있다. 그래서 은행이나 슈퍼 등은 물론 일반 가정집 바닥에도 신경을 쓴다. 바닥이 보이지 않을 정도로 물건이 넘쳐나는 집은 늘 경제 상태에 문제가 있다.

그 이유는 매우 단순하고 합리적이며 과학적이라서 납득할 것

2장 단순하게 소유한다 _물건과의 관계를 깔끔하게

이다. 바닥에 물건이 있으면 넘어져서 다치기 쉬우므로 위험하고, 쓸데없는 의료비가 든다. 바닥에 물건이 흩어져 있으면 물건을 피하거나 옮기는 데에 수고와 시간이 들어간다. 그러면 청소하기 귀찮아져서 집 안 곳곳에 손길이 미치지 않게 되고, 먼지가 쌓여 건강에도 악영향을 미친다.

젊은 시절에 살던 작은 아파트에는 가구와 생활용품이 바닥을 점령했었다. 걸을 때는 가구를 피하기 위해 게처럼 옆걸음질을 하면서 생활했다. 집에서 자유롭게 돌아다니지 못하는 생활은 답답했고, 마음까지 좁아진 느낌이라서 집 안에서는 긍정적으로 새로운 무언가를 하고 싶은 기분이 들지 않았다. 그러고 보면 넓은 바닥은 풍요로움의 상징인 듯하다. 은행이나 슈퍼마켓의 바닥이 넓은 것은 그 때문일까?

바닥과 마찬가지로 책상이나 테이블 위에도 가급적 물건을 두지 말고 넓은 공간을 유지하자. 미국의 한 종교 신도들은 물건을 바닥에 두지 않고 모든 것을 벽에 매단다고 한다. 빗자루도, 옷도, 신발과 의자까지.

우리도 옛날에는 빗자루를 벽에 매달아 수납하는 것이 일반적이었다. 손에 쉽게 잡히고 빗자루 끝이 아래로 향하므로 오래 사용할 수 있으며 관리하기도 쉽다. 쓸데없는 이야기를 하면서 오래 머무르는 손님에게 슬슬 돌아가라는 표시로 빗자루를 벽에 기대어 세우는 습관이 있는 지역도 있다.

도저히 버릴 수 없는 불용품은 골판지 상자나 쇼핑백에 담아서 방구석이나 계단 아래 등에 두는 방법도 있다. 몇 개의 골판지 상자에 넣어 쌓아두면 방이 깔끔해진다. 몇 개월 동안 사용하지 않은 물건은 창고나 다른 방으로 옮기거나 과감히 처분하자.

부엌
....

부엌은 다양한 도구와 식기를 자주 넣고 꺼내는 곳으로, 요리 횟수와 관계없이 더러워지기 쉬운 장소다. 게다가 기름, 물 등의 오염이 복잡하게 모여 있어서 부지런하고 과학적으로 손을 써야 한다. 쾌적하고 피곤하지 않게 부엌일을 하려면 필요 없는 것은 처분하고, 항상 정리정돈된 상태를 유지하는 것이 기본이다.

사용하지 않는 식기나 조리 도구, 이미 유통기한이 지난 식품 등이 주방일의 원활한 흐름에 방해되고 있지 않은지 생각해보자. 받침이 없어진 커피잔이나 깨진 식기 등은 버리도록 하자. 어떻게 해도 버리기 어렵다면 소품함이나 꽃병 등으로 재사용할

2장 단순하게 소유한다 _물건과의 관계를 깔끔하게

수 있다.

  사용 횟수가 적은 고기용 불판, 베이킹을 하거나 오븐 요리를 할 때 사용하는 큰 접시 등은 평상시 작업에 방해되지 않도록 선반 안쪽에 넣는다. 베이킹 도구처럼 용도에 맞는 도구는 한데 모아두면 한 번의 동작으로 몽땅 꺼낼 수 있다.

  부엌이나 식탁에서 사용하는 기호품과 조미료 등은 용도에 따라 정리해두자. 아침식사용 잼이나 꿀은 예쁜 바구니에 담아두었다가 식탁에 그대로 옮길 수 있도록 한다. 커피, 홍차, 녹차 등은 한꺼번에 서랍에 넣어 바로 꺼내기 쉽게 한다.

  부엌은 크게 나누어 싱크대, 레인지 주변, 조리대 그리고 냉장고가 있다. 이 장소를 오가는 데에 방해되지 않도록 주변에 방해물을 두지 않도록 한다.

조리대에는
아무것도 두지 않는다

　조리대가 널찍하면 식재료와 요리를 자유롭게 꺼내놓을 수 있어서 부엌일이 훨씬 원활해진다. 그리고 조리대에 아무것도 없어야 닦기가 편하므로 항상 청결함을 유지할 수 있다. 조리 기구는 벽에 매달아 두는 식으로 바로 꺼낼 수 있는 장소에 둔다. 부엌이 깨끗하게 정리되어 있으면 요리하는 것이 즐거워진다.

　2장 단순하게 소유한다 _물건과의 관계를 깔끔하게

물을 사용하는 장소

화장실, 욕실, 세면대 등은 청결하고 잘 정리되어 있어야 한다. 물을 사용하는 장소의 청결도는 삶의 질을 알려주는 바로미터다. 따라서 자기 나름대로 깨끗함을 유지하는 규칙을 세우자.

내가 세운 규칙은 사용하면 반드시 닦고, 비치된 솔로 문지르는 것이다. 시간상 몇 초면 되는 이 단순한 동작(습관)의 반복으로 물을 사용하는 장소를 쾌적하게 유지할 수 있다.

욕실이나 화장실에는 사용하는 물건을 엄선해 비치한다. 변기 커버, 매트, 휴지걸이 커버 등은 먼지가 쉽게 붙어 오염과 냄새의 원인이 된다. 쓸데없는 물건을 두지 않으면 청소하는 노력도 시간도 들지 않고, 항상 기능적이며 깔끔한 공간을 유지할 수 있다.

붙박이장과 옷장

붙박이장이나 창고에 문을 열자마자 물건이 굴러 떨어질 정도로 심각하지는 않아도 정체불명의 물건이 꽉꽉 채워진 상태인 집도 많을 것이다. 언젠가 사용할 것이라고 꿈꾸며 버리지 못한 결과다.

붙박이장이나 옷장 안에 있는 많은 잡동사니들은 보거나 생각하기만 해도 침울해져서 한숨이 절로 나온다. 처리할 생각을 하면 마음이 어두워지고 내일에 대한 의욕도 잃게 된다.

붙박이장이나 옷장은 물건을 수납하는 장소다. 그러나 수납 능력 이상의 불필요한 물건으로 채울 필요는 없다. 최소 2년 이내에 사용하지 않은 물건은 처분하자.

필요할 때 바로
꺼낼 수 있도록 한다

가능하면 70퍼센트 수납을 목표로 하고, 목표에 다가갈 수 있도록 노력한다. 30퍼센트의 여유 공간이 있도록 수납해야 통풍도 잘되기 때문에 습기에서 해방되고 청소도 쉬워진다. 항상 깔끔하게 정리된 수납장은 의욕을 북돋아 자신에게 밝은 미래를 가져다주는 느낌이 든다.

옷장을
깔끔하게 한다

　옷장이나 의류가 들어 있는 붙박이장은 현재 자신의 체형 그 자체다. 그래서 지금 입을 수 있는 옷, 사용할 물건을 수납해야 한다.

　그렇지만 현실적으로 가능해 보이면서 불가능한 것이 옷장의 의류 정리다. 아직 입을 기회가 있을 것 같아서, 살이 빠지면 입을 수 있으니까, 비싼 돈을 주고 사서 아깝기 때문이라는 제각각의 이유로 처분하지 못한다.

　일단 내 경험을 통해 말하자면 지금 못 입는 옷은 나중에도 거의 못 입는다. 단순히 생각하면 알 수 있는 것을 핑계를 대며 미루고 있을 뿐이다. 지금 필요하지 않은 의류는 옷장에서 썩어갈 뿐이라는 사실을 확실히 인식해두자.

즐겨 입는 옷은 오른쪽으로 모은다

자주 입는 옷은 최근 2년 이내를 기준으로 한다. 여름용과 겨울 용으로 나누어 2년 이상 입지 않은 옷은 과감히 처분한다. 처분 하기 어려운 옷은 한꺼번에 쇼핑백이나 골판지 상자에 넣어둔 다. 그리고 잠시 생각하다가 포기할 결심이 서면 다른 사람에게 주거나 중고로 내놓거나 재활용 수거함에 넣는다.

자주 입는 옷을 보면 자신의 패션 기준을 알 수 있다. 내가 옷을 고르는 결정적인 요소는 사이즈, 디자인, 색상, 그리고 소재다. 다 시금 단순하게 생각하면서 정리해보면 앞으로 옷을 고르는 데에 참고가 될 것이다.

정장은 응용 범위가 넓고, 검은색이나 회색, 여름에는 흰색이나 연갈색 등이 좋다. 유행을 타지 않는 차분하고 전형적인 디자인 이 유용하다. 입으면 편한 바지 정장도 넉넉히 마련하고, 구매 시 에는 한 벌로 다양하게 코디할 수 있는 것을 고른다.

의류를 늘리지 않으려면 대여할 수도 있다. 가끔씩만 입는 파티 드레스, 전통의상, 가방 등은 대여하는 것도 좋은 방법이다. 뒷손질이나 수납장소도 필요 없어 편리하다. 최근에는 깜짝 놀랄 만한 고가의 드레스나 가방도 대여할 수 있어서 취향이나 예산에 따라 잘 이용해보는 것도 추천한다.

현관은
외부와의 중요한 경계선

현관
·······

　자기 집 현관을 다른 사람의 시선에서 객관적으로 본 적이 있는가? 가끔은 방문객의 관점에서 밖에서 문을 열고 집에 들어가 보자.

　현관에 신발이 어지럽게 나뒹굴고 있지 않은가? 우편물, 오래된 신문이나 잡지가 산더미처럼 쌓여 있는가? 화분이 시들시들하지는 않은가? 현관 밖의 문패나 문이 더럽지는 않은? 생활 냄새가 풍기지 않는가?

귀가 시 밖에서 쌓인 피로를 배가시키지 않으려면 외출할 때 자신을 위해 신발을 가지런히 해놓자. 아침저녁으로 하루에 두 번 신경 쓰기만 해도 현관은 항상 정리되어 모두가 기분 좋게 드나들 수 있다.

반대로 밖에서 온 안 좋은 침입자(도둑)는 깨끗하게 정돈된 현관을 보면 집주인의 빈틈없는 살림에 긴장해 접근하지 않는다고 한다.

거실

거실은 어떤 일이 있어도 마음이 편안해지고 안심되는 공간으로 만들고 싶은 법이다. 다시 말하지만, 나는 병원이나 호텔처럼 티끌 하나 없이 치워진 공간은 좋아하지 않는다. 하루의 대부분을 보내는 거실은 난잡하게 더러워진 방과 완벽하게 정리된 방의 중간, 어느 정도 질서정연하고 깨끗한 공간이어야 안정적인 마음이 든다.

가구나 전기제품의 배치에도 신경을 쓴다. 큰 소파나 대형 텔레비전은 방 중앙이 아니라 벽 옆이나 구석에 놓는다. 그리고 간

2장 단순하게 소유한다 _물건과의 관계를 깔끔하게

접 조명, 식물 화분, 센스 있는 사진이나 장식물 등을 비치해 항상 있고 싶은 마음이 드는 공간으로 가꾼다. 나는 의자를 좋아해서 앉기 편안한 의자를 골라 나만의 지정석으로 정해놓았다.

바닥과 마찬가지로 계단이나 소파 위에는 물건을 두지 않도록 한다. 바로 위층으로 가져가기 때문이라거나 곧 옷장에 넣을 것이라고 생각해 방심하고 있으면 소파 위가 안이하게 수납 장소가 되고 만다. 짧은 시간이라도 사용하면 바로 제자리에 돌려놓는 습관을 지켜야 한다. 일단 귀가하자마자 옷걸이에 가방과 옷을 걸어두면 집 안이 어질러지는 원흉을 막을 수 있다.

자주 창문을 열거나 공기청정기를 사용해서 집 안에 신선한 공기가 흐르게 하자. 신선한 공기는 집 안 환경을 개선해주고 내일을 활기차게 맞이하게 해주는 일석이조의 효과가 있다.

창고방
....

창고나 보관실이 없는 경우, 작은 방 중 하나를 물건을 두는 공간으로 만들기도 한다. 많은 오래된 의류나 도구, 추억의 물건들이 바닥에 빼곡히 널브러져 있다면 앞서 말한 미국의 한 종교 신도처럼 벽에 매달아보자.

　조금이라도 공간이 있으면 가끔 먼지를 털어내고, 정기적으로 창문을 열거나 환풍기를 돌려 바람을 통과시킬 수도 있다. 창고 방은 자유롭게 출입할 수 있도록 해서 마음의 부담이나 먼지가 쌓여서 열면 안 되는 곳이 되지 않도록 신경 쓴다.

문과 미닫이문

　사계절이 뚜렷하고 습기가 많은 집에서는 계절이나 기온에 따라 외부와의 경계가 되는 미닫이나 장지문을 크게 개폐할 수 있도록 주변에 방해물이 되는 서랍장이나 찬장 등의 가구류를 두지 않는다.

　최근에는 아파트의 현관문이 중심이 되는데, 현관이나 침실 등의 문은 크게 열리도록 신경 쓴다. 상자나 옷장 때문에 문이 다 열리지 않으면 방에 바람이 잘 통하지 않아 환기가 안 되어 몸과 마음이 모두 건강하지 못하게 된다. 겸사겸사 문고리의 손때도 항상 닦아놓자.

정리정돈을 유지하는
생활습관

대청소를 해서 일시적으로 집 안을 깨끗이 치우고, 정리정돈을 해놨더라도 그 상태를 오래 유지하지 못하면 의미가 없다. 따라서 질서를 지키기 위한 행동을 의식해 습관을 들여보자.

정리 규칙
....

- 물건의 주소를 정한다.
- 사용하면 제자리에 둔다.

- 사용하면 닦는다.

- 문과 뚜껑은 열고 나서 꼭 닫는다.

- 벗은 옷가지, 떨어뜨린 물건은 반드시 줍는다.

- 생각나면 꼭 메모한다.

- 단추 달기, 보수, 도구 수리 등은 그날 안에 한다.

- 남의 도움을 받았다면 이틀 이내에 찾아서 연락한다.

- 얼룩을 발견하면 바로 닦는다.

- 빨랫감이나 설거지할 식기는 모아두지 말고 부지런히 바로 처리한다.

- 정기적으로 청소와 정리를 한다.

- 창문을 열어 방에 신선한 공기 흐름을 만든다.

이런 일을 잘 지키면 생활 리듬이 잡혀 깨끗하고 정리된 환경을 유지할 수 있다.

정리정돈은 우선
가까운 한 곳부터

무엇을 어디서부터 시작해야 할지 모르겠다면 우선 주변에서 하기 쉬운 것부터 시도해보자. 예를 들어 부엌 서랍에서 물건을 꺼내 한곳에 모아보자. 조리 기구 등 같은 물건이 몇 개나 있다는 사실을 깨달을 것이다. 이것은 자신이 무엇을 얼마나 가지고 있는지 모르고 같은 물건을 사거나 받아서 계속 늘어난 결과다. 이때는 필요한 가짓수만큼, 상태가 좋은 물건만 남기고 나머지는 모두 처분한다. 그리고 남은 가짓수와 종류를 유지한다.

반찬이나 도시락을 구입할 때 필요가 없는데도 나무젓가락, 스푼, 포크 등을 계속 받아오면 수가 점점 불어나서 수납 장소가 부족해진다. 집에 가지고 가는 반찬이나 디저트 등은 집에 있는 젓가락이나 포크로 먹는 편이 반복적으로 사용할 수 있고, 조금이라도 자연환경을 생각하는 마음이 든다.

이런 간단한 일부터 시작해보면 생활을 단순하게 하는 정리정돈이 원활해진다.

즉시 처분할 물건

- 골판지 상자 안에서 몇 년 이상 잠들어 있는 것
- 소비 기한이 지난 식품
- 쓸모없는 고장 난 도구와 가구
- 여러 개 있는 같은 도구나 소품

이렇게 자신이 간단히 처분할 수 있는 물건을 생각해보자.

2장 단순하게 소유한다 _물건과의 관계를 깔끔하게

○
매일의 생활을
분석해본다

생활을 정리정돈하기 전에 자신이 생활하는 모습에 대해 생각해보자. 집 안을 둘러보고 생활방식의 현실을 알면 어디서부터 어떻게 손을 대야 할지 아는 데에 도움이 된다.

여러분의 모습은 어떨까? 자문자답해보자.

- 청소는 정기적으로 날을 정해서 하고 있다.
- 화장실, 욕실 등 물을 쓰는 곳 주변은 항상 청결하게 유지한다.
- 집 안이 정돈되어 있다.

- 세탁물이나 다림질할 옷을 쌓아두지 않는다.

- 식사는 정시에 먹는다.

- 현관은 언제나 깨끗이 정리되어 있다.

- 주방 싱크대에 식기가 쌓여 있지 않다.

위의 항목을 지키는 일은 청결하고 건강한 생활의 기본이다. 여러 가지 방법이 있지만, 몸과 마음의 건강을 위해 이것만은 대충 하면 안 되는 집안일이라는 것을 알아두자.

얼룩을
그냥 두지 않는다

　어느 날 내 책의 독자에게서 메일이 왔다. 아무리 해도 부엌이 깨끗해지지 않는다는 고민이었다. 아마도 깔끔하게 정리정돈된 생활에 대한 열망은 있지만, 어디서부터 손을 대야 할지 모르는 듯했다. 이 독자가 부엌을 깨끗이 하려면 어떻게 해야 할까?

　나는 "물을 끓인 후 아직 잔열이 남아 있는 주전자를 젖은 수건으로 닦아주세요. 다만 매번 잊지 않고 계속 닦아야 합니다"라고 조언했다.

　독일 친구의 부엌은 사용하면 바로 닦기 때문에 얼룩이 남지 않고, 별로 시간과 노력을 들이지 않아도 항상 반짝거리고 쾌적하다. 그녀의 주방에서 우리는 자주 가벼운 식사를 하거나 차를 마시면서 오후 한때 수다를 즐겼다. 어느 날은 그녀가 크리스마스용 치킨을 구울 때 옆에서 레드와인을 한 손에 들고, 막 생긴 오븐의 기름때를 함께 닦기도 했다. 그만큼 오래 있고 싶은 편안한 공간이었다.

얼룩은 모아두지 말고 바로 처리하면 간단히 깨끗해진다. 시간도 노력도 들지 않는다. 이것이야말로 과학적이고 단순한 집안일이다.

몇 주 후 그 독자에게서 "계속 닦다 보니 버리려던 오래된 주전자가 깨끗해졌어요. 기쁜 마음에 레인지를 닦게 되었고, 어느새 부엌이 깨끗해졌습니다. 부엌에 있는 것이 즐거워서 바닥, 조리대, 그리고 서랍 속까지 깨끗이 할 생각이에요"라는 메일이 왔다. 심지어 반짝반짝 빛나는 부엌 사진까지 정성스럽게 첨부해주었다.

2장 단순하게 소유한다 _물건과의 관계를 깔끔하게

작은 일부터
시작해본다

막상 정리를 해보려고 해도 어디서부터 손을 대야 할지 몰라 허둥대다가 시간만 흘러 스트레스를 받기도 한다. 서랍 하나, 거실 한 곳, 선반 위처럼 어디든 떠오르는 장소를 작게 구분해보자. 하나의 단위를 정해 시간을 30분 이내로 정하고, 그 시간이 오면 완성하지 않아도 중단한다.

철저하게 하지 않으려고
하는 일

　침실의 옷장 구석구석, 현관의 신발장 전부를 대청소하겠다고
는 생각하지 않는다. 시작하기까지 기분을 북돋우는 데에 시간
이 걸리고, 만약 할 수 있다고 해도 피곤해서 다른 일을 할 에너
지가 없어진다.

　완벽주의인 사람은 '지금 할 수 있는 일'보다 '해야만 하는 일'
에 시선을 뺏기는 경향이 있다. 단순하게 제대로 살아가는 것은
작은 일이 축적되어 이루어진다. 오히려 서랍 속만, 냉장고 안쪽
만이라도 깨끗이 치우면 된다고 관대하게 마음먹는 것이 중요
하다.

　　　　2장 단순하게 소유한다 _물건과의 관계를 깔끔하게

냉장고 문짝 선반 등 어디를 치울지 결정하면 일단 그곳에 있는 물건을 모두 꺼내서 비운다. 병이나 조미료 등의 유통기한과 내용물을 체크하면서 젖은 수건으로 깨끗이 닦는다. 이때는 보관할 것과 버릴 것으로 나눈다. 선반 안팎을 깨끗이 닦았다면 골라놓은 물건을 제자리에 놓는다. 이 방법은 그릇장, 식품 저장고, 싱크대나 찬장 안을 정리할 때도 응용할 수 있다.

냉장고의 작은 정리정돈은 3개월마다 30분, 빈 시간을 찾아 훌륭한 습관이 될 때까지 계속해야 한다. 꾸준함이 생명이다.

비슷한 물건을
한데 모은다

책상 서랍 안에 들어가는 소품류는 고무줄이나 상자를 이용해 한데 모아둔다. 이렇게 하면 열었을 때 깔끔하게 정리된 상태를 유지할 수 있고, 뭐가 얼마나 있는지 한눈에 알 수 있다.

무엇보다 정리정돈의 성과를 분명히 알 수 있고, 본인의 질서 있는 생활이 자랑스럽게 느껴진다. 이 습관은 사용 횟수나 서랍을 열었을 때의 상태에 따라 다르지만, 반년 정도를 기준으로 한다. 물건이 계속 늘어났듯이 이런 작은 정리를 습관화하면 어느새 점점 정리되어간다.

서랍 속과 마찬가지로 가방, 신발, 책이나 장난감 등 비슷한 물건은 장소를 정해 한꺼번에 수납한다. 한데 모아두면 손질하거나 정리하는 시간이 단축된다. 집 안에서 길을 잃은 가위나 손톱깎이를 발견했을 때 어느 자리에 놓을지 고민하지 않아도 된다.

정리할 때는 그 물건이 어떤 것과 함께 사용하는 경우가 많은지 생각해본다. 당연한 말이지만 치약은 칫솔 옆에, 세제는 세탁기 옆에 있는가? 이런 습관들은 무의식적으로 하는 일인데, 물건을 한데 모아 수납할 때는 어떤 것과 어떤 것을 같이 쓰는 경우가 많은지 다시금 생각하면 생활이 더 단순하게 기능한다. 예를 들어 전기제품 옆에는 멀티탭, 신발장에는 구두닦이 세트를 둔다. 베이킹할 때 사용하는 핸드 믹서, 계량스푼, 볼 등의 도구를 한데 모아두고 필요할 때 바로 꺼내도록 한다.

한데 모아두는 일의 장점은 집에 있는 물건에 정해진 수납 장소를 부여한다는 것이다. 가족 모두가 알고 있는 정해진 수납 장소가 있으면 사용한 물건을 어디로 되돌려야 하는지 알 수 있다. 그러면 집 안이 정글처럼 어질러지는 것을 막을 수 있다.

정해진 장소에 정해진 물건이 놓여 있으면 필요한 물건을 바로 꺼낼 수 있고, 물건 찾기에 시간도 노력도 들지 않는다.

물건이 늘어나지 않는
예방책을 세운다

　생각하는 집안일의 중요성에 대해 앞장에서 이야기했지만, 물건을 마주할 때는 생각하는 사람이 되어야 한다. 뭔가를 사고 싶다고 생각하면 어디에 버릴지를 생각해본다. 가게에서 신발이나 옷을 입어보면서 이 '신참'의 수납 장소를 생각해보면서 마음을 다잡는다.

　내 경험상 충동적으로 구매한 물건은 대부분 임시 장소에 두게 되고, 이 나쁜 습관이 물건을 늘리는 원흉이 된다.

꼭 필요한지 아닌지
생각한다

이것도 생각해야 할 중요한 주제다. 하나밖에 없는 낡은 도구가 고장 나서 수리하지 못하고, 대체할 새것을 사야 하는 경우를 제외하고는 지금 있는 다른 것으로 대용할 수 없는지, 정말 필요한지 등을 생각해본다. 잘 생각하면 필요 없다는 결론이 90퍼센트다.

손질이 간단한 것을 고르다

　과학기술이 진보하면서 가정에서 사용하는 도구까지도 편리한 만큼 조작과 손질이 복잡해지고 있다. 사용설명서를 몇 번이나 다시 읽어도 이해가 안 되고, 제조사에 문제를 문의하려고 해도 접수를 메일만으로 받는 곳도 있다.

　집 안에서 사용하는 도구는 첨단 기술을 갖춘 복잡한 물건이 있어도 거의 필요가 없다는 것을 알아야 한다. 로봇청소기도 처음에는 신기하고 재미있어 구매했지만, 집이 넓지 않은 경우 방마다 청소기나 빗자루를 사용하는 것이 구석구석 깨끗하게 할 수 있다는 사람도 있다.

집 안에서는 간단한 조작으로 손을 충분히 쓸 수 있는 것이 안심이 된다. 고도의 정밀기계는 그만큼 고장 나기 쉽고, 조작도 어렵다. 평소 관리도 복잡하고 간단한 물 세척도 불가능해서 주의할 점이 많다.

문명의 이기를 부정하지는 않지만, 자신이 쉽게 사용할 수 있는지, 평소 관리가 쉬운지 등 집 안의 넓이나 상태를 고려해서 잘 확인하고 구매해야 한다.

집 안에 사용하지 않는 도구가 있다면 여분의 수납공간이 필요하고, 그만큼 지저분해지는 원인이 된다. 단순한 생활에는 역시 도구도 단순한 것을 필요한 수만큼 갖는 것이 최선이다.

찾는 일을
줄이기 위해

 물건을 찾는 일이 많으면 시간과 노력이 낭비될 뿐만 아니라 스트레스를 받아서 면역력이 떨어진다고 한다. 물건을 찾는 일은 약간의 노력으로 생활을 단순화해서 막을 수 있다.

 나이에 상관없이 일상생활에서 사람들은 늘 무언가를 찾고 있다. 서양의 한 조사에 따르면 찾는 물건으로 열쇠, 볼펜이나 만년필, 안경, 지갑 등이 많다고 한다. 나까지 포함해서 주위에 항상 집 열쇠나 안경, 볼펜 등을 찾는 사람이 있다. 역시나 찾는 일은 세계 공통인가 싶어 고개가 끄덕여진다.

 나이를 불문하고 물건을 찾는 사람이 많다면, 건망증이 많아지

2장 단순하게 소유한다 _물건과의 관계를 깔끔하게

는 노인이라면 더욱 그렇다는 이야기가 된다. 누군가는 항상 무언가를 찾고 있다. 특히 다짜고짜 돋보기부터 찾기 시작하게 되면 사막에서 물을 찾는 기분이 든다.

보물찾기가 아닌 이상 집 안에서 물건을 찾는 일은 스트레스가 되어 건강에도 좋지 않으니 조금이라도 찾는 일을 줄이는 삶을 목표로 하자.

○
물건을 둘
장소를 정한다

.

내 경험상 물건 찾기를 하지 않아도 되는 가장 성공률 높은 방법은 물건을 두는 장소, 즉 물건의 주소를 정해놓고 잘 기억하는 것이다.

물건에 주소를 정하는 것은 정리정돈의 제자리 원칙이다. 단 이 주소는 절대 잊지 않는 장소여야 한다. 정해진 장소를 누구나 알기 쉬워야 하고, 잊지 않고 지켜야 한다. 뇌세포에 제대로 새겨지는 것이 중요하다.

그렇다면 어떻게 해야 할까? 자신과 가족 모두의 행동 패턴을 파악하고 공통된 경로에 장소를 정하면 된다. 집 열쇠나 차 열쇠는 자주 찾는 물건이다. 그래서 우리 가족은 현관 테이블 조명 옆으로 장소를 정해놓고, 그곳에 열쇠용 도자기 접시를 두었다. 온 가족이 외출할 때, 귀가할 때 반드시 통과하는 지점이며, 여기가 열쇠의 주소, 제자리다.

또한 그 자리의 이미지를 뇌에 확실히 각인시키기 위해 도자기 접시는 외국에서 구매해온 그림 접시로 하고, 그 주변에는 열쇠용 접시 이외에는 아무것도 두지 않았다. 그렇게 열쇠가 담긴 접시의 이미지가 모두에게 인상적으로 남도록 했다.

아름다운 그림 접시는 비싼 물건은 아니지만 여행의 추억거리다. 더러워지지 않도록 가끔 씻은 다음 비누나 향주머니를 두기 때문에 열쇠를 가져오거나 되돌려 놓을 때마다 향긋해서 기분이 좋다.

나의 친구 집에는 현관 벽에 열쇠용 보드가 있고, 그곳에 각각 색이 다른 리본으로 구별된 집 열쇠, 자동차 열쇠, 지하실과 창고 열쇠가 걸려 있다. 이런 방법은 소소한 현관 인테리어도 겸하고 있다. 또한 제자리에 열쇠가 모여 있으면 누가 나갔는지, 잊어버렸는지 한눈에 알 수 있어 편리하다.

○ 나만의
물건 놓기 규칙

 물건을 놓을 장소를 결정하면서 동시에 자신만의 규칙을 만들어 머릿속에 새겨둔다. 말하자면 보관하는 규칙이다. 이렇게 하면 물건을 찾는 일이 줄어든다.

 예를 들어 집 열쇠를 놓을 때 반드시 자동차 키도 나란히 둔다. 가방을 수납하는 선반 근처에는 반드시 볼펜과 명함 지갑, 손수건을 챙겨둔다. 전화 옆에는 볼펜, 메모지, 돋보기안경을 나란히 놓는다. 자주 들고 다니는 가방에는 반드시 립글로스, 손거울, 브러시, 볼펜을 하나씩 넣어둔다. 사용하고 남은 골프 스코어 연필을 수첩에 끼워 두면 편리하다.

2장 단순하게 소유한다 _물건과의 관계를 깔끔하게

짧은 여행이나 외출 시에는 반드시 교통수단의 티켓을 바지의 오른쪽 뒷주머니, 동전은 왼쪽 주머니에 넣는다. 주머니가 없는 치마를 입을 때는 가방의 정해진 위치에 넣는다. 호텔에서는 침대 옆 조명 아래에 화장품 파우치, 시계, 방 열쇠 등을 놓는다. 방 열쇠나 카드는 따로 가지고 다니는 것이 편하므로 지갑은 귀중품 상자에 넣는다.

잊어버리거나 잃어버리는 일이 없도록 이 습관은 어디서나 항상 똑같이 적용해야 한다. 이렇게 생각해보면 흥미로운 자기만의 보관 규칙을 발견할 수 있을 것이다.

종이 제품의
처리

잡지나 신문은 보관할 이유가 없다. 필요한 기사는 오려내고, 나머지는 버린다. 신문이나 잡지는 쓰레기를 버리는 날에 정기적으로 처분한다. 내가 사는 지역의 한 신문 판매점에서는 한 달에 한 번 전단지와 신문을 한꺼번에 가져가면 휴지 하나와 교환해준다.

잡지나 책은 금방 쌓이므로 때늦지 않게 관리한다. 잡지는 다시 읽기까지도 시간이 걸리고 수납공간도 필요하다. 오래된 잡지를 볼 때마다 읽어야 한다고 마음의 부담이 되기도 한다.

잡지를 보관해 둘 필요가 없는 것은 분명하다. 내용 대부분이 광고이고 잡지 기사, 특히 주간지의 기사는 어느 기간마다 같은 내용이나 주제가 반복된다. 특히 의료, 기술, 건강에 대한 정보 기사는 한 달만 지나도 구식이 되는 경우도 있다.

수납공간에
수나 양을 맞춘다

도저히 책이나 잡지를 버리지 못하는 사람도 있다. 나도 그중 한 명이라서 큰 쇼핑백 두 개에 담아 전용 장소를 확보해두었다. 쇼핑백이 가득 차면 새것과 교체하기 위해 오래된 것을 처분한다. 수납공간에 물건의 수를 맞추는 강제적인 정책을 생각해낸 것이다.

독서를 좋아하는 사람은 신문을 제외하고는 서점에서 조금 훑어보고 살지 말지 결정하면, 구매한 뒤에 집에 가서 후회하는 일이 적어진다.

○ 우편물과
   광고물

매일 우체통 안에 전단지가 날아든다. 아파트처럼 엄중하게 문
단속을 하는 곳이라면 어느 정도는 막을 수 있지만, 출입이 자유
로운 공동주택이나 단독주택은 전단지가 끊임없이 들어온다. 며
칠 집을 비우거나 부지런히 치우지 않으면 우체통 안이 금세 쓰
레기 더미가 된다.

우체통 안의 우편물은 바로 읽고 처리하자. 명백히 전단지인 것
과 우편물을 나눈 다음 필요한 우편물과 우편 광고물을 나눈다.
전단지와 함께 불필요한 광고물은 개봉하지 않고 버린다. 나머
지 우편물은 편지나 공과금 등의 청구서, 백화점이나 카드사에

서 온 통지서 등으로 나누어 필요한 것부터 개봉한다. 인출 명세서나 영수증은 항목별로 파일에 넣어 2년간 보관한다.

이러한 작업을 매일 습관적으로 하면 불필요한 전단지 등으로 쓰레기 더미가 쌓일 일도 없고, 소중한 우편물을 잃어버려서 당황하는 일도 없다. 그러면 집 안에서도 매일 쾌적한 기분으로 보낼 수 있다.

버릴 수 없는
성가신 물건

쉽게 처분하지 못하는 물건 중에는 추억의 물건들이나 저도 모르게 쌓인 기념품 등이 있다. 옛 사진, 편지, 선물이나 카드 등은 떠나보내기가 어렵다. 사는 사람의 역사를 느끼게 하는 사진이나 물건이 거실에 장식되어 있으면 생활감 넘치는 따뜻한 장소가 되지만, 이런 물건들도 넘쳐날 정도로 많아지면 먼지가 쌓이고, 따로 보관할 장소가 필요해진다.

추억의 물건은 자신의 과거 유산이기에 소중히 여기고 싶은 마음은 잘 알고 있다. 하지만 지나치게 얽매이지 말고 적당히 처분하겠다는 의지가 필요하다. 옛 감정도 사람도 달라지기 마련이라 언제까지고 과거에 집착하면 건설적인 미래로 나아갈 수 없다.

물론 모든 것을 깨끗이 버리라는 의미는 아니다. 나이가 몇 살이든 과거의 경험을 소중히 여기면서 긍정적으로 삶을 살아가려는 마음이 중요하다. 이를 위해 '과거의 유산'을 정리정돈할 필요도 있다.

추억의 물건은 사람에게 여러 가지 영향을 준다. 먼저 불쾌하거나 슬픈 감정이 드는 물건부터 오래된 순서대로 자신에게서 떼어내는 노력을 하자.

어느새 쌓인
물건

어느 날 서랍을 열었더니 안쪽에서 오래된 우표나 전화카드가 잔뜩 나온 적은 없는가? 사용하지 않는 물건은 과감히 전용 재활용 매장에 가지고 가자. 내 경험상 오래된 우표는 연대에 따라 상당한 액수가 될 수도 있다. 무심코 쌓아둔 과거의 유물에는 생각지도 못한 가치가 붙기도 한다.

필요하지 않은 것을 간직하는 데에는 아까워서, 언젠가 사용할지도 몰라서, 비싼 돈을 주고 구매했기 때문이라는 식으로 얼마든지 이유가 있다. 의류는 아무리 비싼 돈을 주고 구매했더라도 브랜드 가치가 없으면 처분할 때 쓰레기와 비슷한 가치밖에 없다는 점을 잊지 말자.

지금까지 내가 유일하게 남긴 수집품은 테디베어다. 현재는 일곱 마리만 남겨서 순서대로 침실에 장식해두었다. 이렇게 하면 넣고 뺄 때 먼지를 털 수 있기 때문에 관리가 쉽고, 수납도 백화점 쇼핑백 하나에 들어가기 때문에 따로 장소가 필요 없다.

양도한다는
규칙

필요 없는 물건을 처분할 때는 지인에게 주는 방법도 생각해보자. 의류나 가방 등 상대방이 정말 갖고 싶어 하는지 확인한 후에 제의해본다. 자신에게 필요 없는 의류는 가격표가 붙은 신제품이라면 몰라도 다른 사람에게 별로 반갑지 않은 물건이라고 생각하면 된다.

재활용 매장을 이용하거나 기부를 하는 것도 한 방법이다. 이 넓은 세상에 정말로 필요로 하는 사람에게 도움이 되고자 하는 상냥하고 따뜻한 마음을 발휘해보자.

○
물건이 많으면
위험성이 커진다

앞에서도 언급했지만, 바닥에 물건을 두지 않는 이유는 집 안에서 안심하고 생활하고 싶기 때문이기도 하다.

습기가 많은 욕실을 예로 들어보자. 물건이 많아서 어수선한 상태라면 청소가 잘 되지 않아 천장에 곰팡이가 끼거나 소품에 물때가 낀다. 특히 바닥에 곰팡이와 물때가 생겨 미끌미끌하면 자칫 넘어져서 머리를 부딪칠 위험이 있다.

샴푸, 비누, 세면도구 등 필요한 물건만 최소한으로 두면 사용할 때마다 살짝 닦기만 해도 손쉽게 청결을 유지할 수 있고, 곰팡이를 방지하는 데에 도움이 된다.

칼이나 가위처럼 위험한 물건은 사용하면 반드시 제자리로 돌려놓자. 무심코 손에 닿는 곳에 두었다가 다칠 수도 있다.

바닥에 물건을 떨어뜨리면
반드시 줍는다

전기 코드도 사용하면 반드시 제자리에 되돌려 놓자. 어린 아이나 특히 움직임이 둔해진 노인은 전기선에 다리에 걸려서 넘어질 우려가 있다. 깔끔하고 깨끗이 정리된 방은 누구나 가장 안심하고 지낼 수 있는 최고의 장소다.

3장

단순하게
사용한다

시간과 돈의 흐름을 원활하게

시간 사용법

"시간은 금이다"라는 말도 있듯이 시간과 돈은 굉장히 비슷하다. 시간도 돈도 현실이고, 둘 다 무엇에, 어떻게 사용할지 생각해야 한다. 한정된 자신의 시간과 돈을 어떻게 잘 꾸려가느냐에 따라 자신의 삶이 크게 달라진다고 해도 과언이 아니다.

시간과 돈을 절약하고 컨트롤하는 것이 아니라 자기 스스로 행동을 단순하게 할 수 있도록 관리한다면 시간과 돈의 흐름이 원활해져서 쾌적하고 행복한 하루를 보낼 수 있을 것이다.

3장 단순하게 사용한다 _시간과 돈의 흐름을 원활하게

시간을
능숙하게 사용한다

시간 활용에 능숙한 사람은 작업에 걸리는 시간을 알고, 끊임없이 우선순위를 생각해 행동한다. 지금은 무의식적으로 하는 행동이라고 해도 처음에는 의식적으로 행동하는 동안에 점점 자연스럽게 몸에 배는 것이다.

퍼뜩 떠오른 생각을 빠르게 실행에 옮겨도 그것이 좋은 결과를 가져오지 않으면 의미가 없으며, 효율적인 시간 사용법이라고 할 수 없다. 물론 가끔은 충동적인 행동이 의외로 좋은 결과를 만들 때도 있다. 그러나 그런 경우는 드물고, 대개 시간 낭비로 끝날 때가 많다.

하루의 행동 목표는 최대 두 가지로 하고, 우선순위로 정한다. 그 목표에 자기 의욕의 에너지를 집중시킨다. 이것도 하고, 저것도 하겠다고 생각하는 사람은 결국 아무것도 못하고 어중간하게 끝나는 경우가 많다. 자신의 능력을 생각하지 않고, 다 할 수 있다고 욕심을 내거나 포기하지 못하고 끌어안고 있으면 결국은 아무것도 해내지 못한다.

하루는 24시간밖에 없다. 제한된 시간 내에 잠을 자고, 집안일을 하고, 일을 하고, 가족을 보살피고, 다른 사람들과 교류하는 모든 일을 완벽하게 할 수는 없다. 아무리 바빠도, 짧은 시간이라도 자신의 자유로운 시간을 소중히 해야 한다. 그래서 해야 하는 순서대로, 할 수 있는 일부터 완수하는 것이 중요하다.

따라서 현실의 사소한 일은 금방 해결하는 습관을 들이자. 당장 해결해야 할 중대 사건이라면 다른 이야기지만, 방에서 먼지를 발견하는 정도라면 우선 그것만 깨끗이 한다. 절대 청소기를 꺼내서 집 안을 깨끗하게 하려고 하지 말자. 시간이 있을 때 하면 되는 일, 예정에 없는 일까지 신경 쓰려고 하면 체력도 귀중한 시간도 쓸데없이 소비하게 된다.

이런 시간에 대한 의식이나 습관은 집안일 이외에서도 마찬가지다.

3장 단순하게 사용한다 _시간과 돈의 흐름을 원활하게

○
계획은
일주일 단위로

.

회의, 모임, 파티 등의 일정은 제외하고, 하고 싶은 일이나 할 일의 계획은 일주일 단위로 생각한다. 인생에는 예기치 못한 사건이 줄줄이 일어난다. 그날 해야 할 일을 리스트로 작성해놓았는데, 예상하지 못한 일이 생기면 몇 가지 처리하지 못한 일들이 남는다.

애써 계획을 세우고 시간을 관리했는데, 하려고 했다가 못한 일이 계속 쌓이면 마음까지 무겁고 우울해진다. 고지식한 사람은 본인이 한심하다고 생각해 자신감을 잃을 수도 있다.

해야 할 일과 하고 싶은 일은 일주일 단위로 계획을 세운다. 그

중에서 우선순위를 매기고, 오늘은 이것과 이것을 하겠다고 정한다. 예컨대 나는 금요일 이른 아침에 청소기를 돌리는데, 만약 일 때문에 집을 비워야 하면 다른 날이나 다음 주로 일정을 돌린다.

못한 일을 후회하기보다 해낸 일을 기뻐하도록 하자.

일정이 없는
빈 시간을 만든다

수첩에 스케줄이 꽉 채워져 있어야 안심하는 사람이 있다. 빼곡히 일정을 넣고 매일 바쁘게 살아가는 것은 젊고 건강할 때는 좋지만, 나이가 들어 체력과 기력이 따라가지 못하면 갑자기 상실감에 사로잡혀 자신감이 없어져 더욱 노쇠하게 된다.

60대 지인은 바쁘게 돌아다니던 일을 그만두고 갑자기 스케줄표가 공백이 되자 무엇을 해야 할지 모르겠다며 침울해하더니 결국 경도 치매라는 진단을 받아 치료를 받고 있다. 인생에는 어떤 일이든 극단적이 아니라 완만한 커브가 필요할지도 모른다.

일주일 중에 시간을 정해 그날은 프리타임으로 비워 두자. 그러

면 몸이 아프거나 급한 일이 생기거나 물건을 정리하거나 누군
가와 이야기하고 싶을 때 일정을 변경하지 않고도 여유롭게 자
신을 위한 시간을 낼 수 있다.

어느 날 갑자기 다른 일로 예정을 취소할 수밖에 없었을 때, 이
방법을 사용하면 죄책감 없이 마음에 여유를 갖고 지낼 수 있다
는 것을 깨달았다. 이후로 스케줄에 반드시 공백을 넣어 한숨 돌
리는 시간을 만든다.

본인을 위해 자유롭게 사용할 수 있는 시간은 남이 아닌 내가
스스로 관리하기 때문에 의욕과 기운을 북돋아준다. 그러면 평
소 생활이 원활하게 흘러가는 데에 큰 힘이 된다.

3장 단순하게 사용한다 _시간과 돈의 흐름을 원활하게

예스맨이
되지 않는다

사실은 "노"라고 말하고 싶었는데 "예스"라고 해서 일을 떠맡는 바람에 정작 자신이 하고 싶은 일은 뒤로 미룬 경험이 있지 않은가? 어떤 사람에게 부탁이 집중되는 것은 그 사람이 상당한 능력자이거나 우유부단하거나 둘 중 하나다. 내 경험상 다른 사람이 하라는 대로 하지 않고, 딱 잘라 거절하는 사람에게는 부탁하기가 어렵다.

다만 명확하게 거절하는 것은 아무리 자기주장이 확실하더라도 상대에 따라 어려울 수 있다. 자칫 불편하고 이상한 사람 취급을 받을 수도 있어 인간관계에 악영향을 미치는 경우도 있다.

그래도 "노"라고 말하지 못해 자신의 시간이 부족해지는 일은 피해야 한다. 본인에게 중요하지 않은 사람의 부탁을 거절하는 것은 상관없지만, 소중한 상대에게 나쁜 인상을 주지 않고 거절하는 방법은 익혀 두어야 한다.

바로 그 자리에서 대답하지 않는다

생각을 해보겠다고 한 뒤 나중에 "생각해보니 역시 힘들 것 같다"라고 시간을 두고 거절한다. 상대에게 일단 진지하게 생각했다는 인상을 준다.

먼저 제의를 긍정한 뒤에 거절한다

좋은 말씀이지만 지금은 잡다한 일에서 손을 뗄 수 없고, 능력이 없어서 죄송하다는 식으로 말한다. 본인의 탓으로 받아들일 수 없다고 말하는 것이다. 지금까지 내 경험상 잡다한 일의 내용까지 물어보는 사람은 전무했기 때문에 자세히 말할 필요도 없다.

시간을
의미 있게 사용한다

하루에 한정된 24시간을 소중히 사용하자. 앞서 말했듯이 먼지를 발견한 것처럼 사소한 일은 반드시 5분 이내에 처리한다고 정해둔다.

여러분은 항상 갑작스러운 작은 용무에 정신이 팔려 애를 먹고 있지 않은가? 갑자기 생긴, 중요하지 않은 일만 좇다 보면 하루가 순식간에 지나간다. 그러면 오늘 하루를 의미 없이 보낸 것 같은 느낌이 든다.

한정된 시간을 단순하게 관리하고, 의미 있게 보내면 몸과 마음이 건강한 생활을 할 수 있다.

지금 이 순간에 감사하고, 마음을 새롭게 먹으면 삶이 신선하게 느껴진다

생각을 바꾸면 재미없었던 일과 집안일을 소중히 여기는 마음이 생긴다.

산책하면서 눈에 들어오는 것을 조금 오래 바라본다

일상을 바라보는 시간을 조금 늘리면 다른 세상이 펼쳐진다.

다섯 살이던 어느 여름날, 갑자기 고열이 나서 생사의 기로를 헤맸던 적이 있다. 한 달 정도 링거를 맞으며 집 안 침대에 누워 천장만 바라보았다. 매일 이쪽저쪽에 생긴 천장의 얼룩을 보면 그 모습이 토끼나 강아지가 되기도 하고, 낯선 나라의 궁전이나 산이 되기도 했다.

빨리 건강해져서 밖을 뛰어다니고 싶은 마음이 어린아이의 지혜로 온갖 상상을 해보며 작은 가슴을 뛰게 했다. 세 살 적 버릇이 여든까지 간다고, 지금도 그때의 즐거웠던 습관이 남아 있는 것일까? 정체를 알 수 없는 모양이나 물건을 보며 이런저런 상상을 하면 힘이 난다.

한 연구에서는 사물을 몇 초간 오래 바라보기만 해도 그 사물에 대한 생각이 많아지고, 사랑스러워진다고 한다. 다만 가만히 바라보는 것은 사람이 아니라 사물을 대상으로 해야 한다. 그렇지 않으면 마음이 있다고 오해를 받거나 이상한 사람이라고 기피 대상이 될 수 있다.

휴일에는 컴퓨터와 손목시계에서 벗어나 자연을 접한다

시간에서 해방되어 삶에 대한 생각이 단순하고 새롭고 신선해진다.

집안일이나 일의 방식을 바꿔본다

급하게 할 때와 비교해 일하는 데에 걸리는 시간이 별로 다르지 않음을 발견할 수 있다. 더 나은 방법을 발견해서 시간 관리법이 발전할 수도 있다.

시간 배분을
생각한다

    집안일이든 직장일이든 어떤 작업을 할 때는 시간 배분을 생각하며 행동하는 지혜를 익히자. 작업에 걸리는 시간도 파악할 수 있고, 자신이 무엇을 우선하면 좋을지도 알게 된다. 게다가 시간에 대한 관심도 높아져 어떤 리듬이나 사이클로 생활해야 할지 알게 된다.

    집 안 전체를 청소기로 돌리는 데에 시간이 얼마나 걸리는지 알아두면 미리 시작하고 끝날 때까지의 자기 리듬과 시간을 알 수 있고, 효율적으로 일이 끝나 힘이 남으면 기운 내서 다른 일에 착수할 수 있다.

어떤 일을 하는 경우, 준비와 시작부터 마무리하기까지의 원활한 흐름이 중요하며, 자기만의 리듬을 알면 효율적으로 처리할수 있다. 예를 들어 아침에 강하고 밤에 약한 사람은 오전에 중요한 일을 배분하는 것이 좋고, 밤에 강한 사람은 그 반대다.

각각 자신의 에너지를 펼칠 수 있는 시간 배분을 생각해야 효과적으로 시간을 활용할 수 있다.

○ 당황해서 하기보다
　민첩하게 한다

　시간이 없다고 당황하면 사소한 실수를 저지르는 경우가 많고, 그것 때문에 시간도 더 걸려서 생활 리듬이 깨지고 작업 속도도 떨어진다. 민첩하고 효율적으로 하면 일에 대한 집중력도 높아진다.

　5분 만에 닦을 수 있는 바닥의 범위를 알고 있으면 집중력이 높아지고, 작업의 질도 높아져 몸도 피곤하지 않다. 5분 만에 닦기 청소를 완전히 끝내고 나면 제대로 일을 마쳤다는 성취감이 온몸에 넘칠 것이다.

남기는 습관을 고친다

어떤 일이든 도중에 남기는 버릇이 있지는 않은가? 제대로 끝까지 하고 다음 행동으로 넘어가면 나중에 그 일을 완수할 필요가 없다는 것을 자각하자.

예를 들어 화장품을 사용한 뒤에 뚜껑을 닫지 않거나 무언가를 꺼낸 뒤에 서랍을 열어 놓거나 하는 것이다. 흔히 옷을 벗어서 소파나 바닥에 던져두고 그대로 두는 경우가 많다.

물론 다른 일을 하느라 시간이 없어서 그러는 경우가 많다. 하지만 뚜껑을 닫는 시간이나 제자리에 놓는 시간을 절약한 것처럼 보여도 사용한 후에 바로 처리하면 몇 초도 걸리지 않는다는 사실을 기억해야 한다.

바로 하면 단 몇 초 만에 끝나는 동작도 남겨두면 언젠가는 그 일을 해야 한다. 결코 시간이 절약되지 않는다. 게다가 그런 생활이 지속되면 결국 집 안이 어질러지는 것은 시간문제다.

'기승전결'이라는 말이 있는데, 어떤 동작이든, 그것이 양치질을 하는 것처럼 당연하고 간단한 동작이어도 준비하고, 실행하고, 완료하기까지 제대로 끝까지 해내는 습관이 중요하다. 마지막으로 치약 뚜껑을 잘 닫아서 남은 일이 없는 상태가 되지 않는 한, 일(양치)이 끝났다는 기분이 들지 않아야 한다.

앞서 말했듯이 일상의 모든 동작에서 남기는 버릇이 있다면 그 버릇을 한꺼번에 고치기는 어렵겠지만, 간단한 일이므로 할 수 있는 일부터 하나씩 몸에 배도록 해보자.

한마디로 말해 다른 사람이 보기에 칠칠맞아 보이는 일부터 개선해 나가자. 치약 튜브의 뚜껑이나 서랍을 닫지 않는 일 말고도 일상생활에는 찾아보면 비슷한 일이 여러 가지 있다. 자신의 행동을 객관적으로 다시 살펴보자.

다른 사람이 봤을 때 칠칠맞아 보이는 일은 많이 있다. 지적하지 않아도 사람들은 불쾌한 마음으로 여러분의 행동을 보고 있다.

3장 단순하게 사용한다 _시간과 돈의 흐름을 원활하게

- 다 먹은 식품의 포장지나 팩을 버리지 않고 식탁이나 소파 위에 올려놓는다.
- 잔돈을 지갑에 넣지 않고 주머니에 넣거나 책상 위에 방치한다.
- 벗은 옷을 옷걸이에 걸지 않는다.
- 사용한 도구나 손을 닦은 수건을 제자리에 두지 않는다.
- 벗은 구두를 가지런히 놓지 않는다.
- 열린 문을 닫지 않는다.
- 세면대를 사용한 뒤에 물기를 그대로 둔다.
- 수돗물을 틀어 놓고 이를 닦는다.

이 외에도 여러 가지가 있지만, 이렇게 단정하지 못한 생활은 시간 절약이나 효율적인 사용법과는 거리가 멀고, 단순한 생활에 방해가 되기까지 한다.

○
초 단위의
행동

 예전에 평소 집안일이 얼마나 걸리는지 타이머로 측정한 적이 있다. 놀랍게도 대부분의 작업이 몇 초 단위밖에 걸리지 않았다. 책상을 닦는 데에 5초, 사용 후 레인지 주위를 닦는 데에 20초, 장소를 구분해 청소기를 돌리면 작은 방 하나에 1분 정도밖에 걸리지 않았다. 영수증 정리도 그날 분량을 부지런히 하면 한 번 작업하는 데에 대개 1분도 걸리지 않는다. 모든 집안일 작업은 각각 1분이면 충분하다.

 나의 서툰 경험으로 시간이 걸리지 않는다는 것을 알게 된 후, 바로 하는 편이 쉽고 편하게 느껴졌다. 새로운 일을 하는 경우에도 얼마나 걸릴지 어느 정도 예측을 세우게 된다.

피곤하다고, 귀찮다고, 자신이 안일해지기 전에 재빨리 정리하는 습관을 들이자. 초 단위를 의식하고 소중히 여기는 습관을 들이면 칠칠치 못한 버릇을 없애 자신도 깜짝 놀랄 만큼 어느새 주변이 말끔히 정리될 것이다.

텔레비전을
보는 시간

가끔은 아무 목적 없이 그냥 텔레비전을 보면서 시간을 보내는 것도 좋다. 그럴 때는 몇 시까지라고 스스로 약속을 정해놓고 보는 시간을 정해놓아야 한다. 지나치게 오랫동안 빈둥거리면서 텔레비전을 보는 것은 시간과 노력만 낭비된다. 가만히 앉아 있으니 운동도 부족해진다.

집안일을 할 때는 라디오 뉴스를 듣는 것을 추천한다. 몸을 움직이면서 들을 수 있기 때문에 활동적이고 기운이 난다. 라디오를 들으면 이것저것 상상하게 되므로 뇌세포가 작용해서 지식도 얻을 수 있고, 머리가 멍해지는 것도 방지해준다.

자동응답기는
바로 지운다

　최근에 내가 사는 지역에서는 가족이나 지인을 사칭해서 전화를 거는 사기가 많아서 피해를 입지 않기 위해서 반드시 자동응답기로 해두라고 한다. 사실 요즘에는 메일이나 휴대전화 사용이 증가해서 친한 사람이나 업무와 관련된 사람이 유선 전화를 걸 확률은 낮다.

　메일을 보내지 않는 연로한 친척, 보험이나 은행 관련 영업 세일즈, 중고물건이나 골프 회원권 권유, 부동산 매매에 관련된 전화가 주로 온다.

　물론 가끔은 사기 같은 전화도 있다. 우리 집 전화기에는 하루에 몇 건씩 메시지가 남아 있어서 전부 재생해본 다음 필요한 것은 메모하고, 불필요한 것은 그때그때 지운다. 필요 없는 메시지를 듣는 것도 시간 낭비이므로 처음에 이름만 듣고 바로 삭제 버튼을 누르면 번거로울 일도 없다.

3장 단순하게 사용한다 _시간과 돈의 흐름을 원활하게

외부에서 들어오는 정보를
차단한다

식품에는 홍보 문구가 넘쳐난다. 과자 봉지나 파스타면의 겉 포장지에도 홍보 문구가 요란하게 붙어 있다. 냉동식품이나 맥주 등은 내용물을 용기에서 꺼낼 수 없지만, 파스타, 비스킷, 밀가루, 설탕 등은 포장지에서 꺼내 투명 유리용기에 담고, 유통기한을 적은 스티커를 붙이기만 해도 찬장이 깔끔해지고, 살림에 정성이 담긴 인상을 준다.

파스타면은 비닐에서 꺼내 큰 페트병에 넣으면 구멍에 맞춰 한 번 꺼내는 만큼이 1인분의 양이 된다.

○ 작업 시간을
어림한다

　앞서 언급했듯이 앞으로 하고자 하는 작업의 대략적인 소요 시간을 알고 있으면 마음에 여유가 생기고 효율적으로 시간을 쓸 수 있다. 시간이 얼마나 걸리는지 정확히 알아야 어중간하게 끝나지 않고 끝까지 안심하고 작업에 집중할 수 있다.

　시간의 흐름이 원활해서 생각보다 빨리 끝나기도 한다. 그러면 남은 시간은 자신에게 주는 보상으로 다과 시간을 가질 수도 있다. 남들보다 동작이 느리다고 느끼는 사람은 일에 걸리는 시간을 넉넉하게 잡으면 시간과 마음에 여유가 생긴다.

　그럼 현실에서 이런 행동에 어느 정도의 시간이 걸리는지 한번 측정해보자.

- 침대에서 일어나 몸을 단장하고 부엌에 설 때까지의 시간
- 아침식사 후 설거지하는 데에 걸리는 시간
- 집에서 전철역, 버스정류장까지 걸어가는 시간
- 근처 백화점 지하나 슈퍼마켓에서 쇼핑을 하고 귀가하기까지 걸리는 시간
- 직장을 왕복하는 시간
- 한 끼 식사에 들이는 시간
- 친구와 점심을 먹는 시간
- 몸이 개운해지는 수면 시간
- 산책에 필요한 시간

이 외의 일들도 시간이 있을 때, 마치 게임을 하듯이 측정해보면 생각보다 많이 걸려서 놀랄 수도 있고, 의외로 빨리하고 있어서 감탄할 수도 있다. 그러는 동안 새로운 걸 발견할 수 있을지도 모른다. 나아가 시간을 소중히 하는 마음과 삶에 대한 애착도 생길 것이다.

○ 행동과 행동이
연결되는 시간

　다음 행동으로 넘어가는 시간은 길 수도 짧을 수도 있지만, 어
떻게 보내는지가 중요하다. 인생은 행동 자체도 중요하지만, 행
동과 행동의 연결고리로 얻을 수 있는 지식이나 지혜가 생활을
단순화하고 마음을 풍요롭게 해줄 수 있다.

　항상 예정 시각이 거의 다 되어서야 약속 장소에 헐레벌떡 뛰어
오는 지인이 있다. 앞의 미팅이 길어졌다거나 집을 나가기 전에
전화가 왔다는 식으로 제각각 이유는 있다. 하지만 조금 여유를
두고 행동하면 피할 수 있는데, 허둥지둥하는 지인의 모습을 보
니 안쓰럽고 동정심마저 들었다.

이런 유형의 사람은 아마도 휘발유가 떨어지기 직전까지 차를 몰고 있지 않을까 상상하게 된다. 만약 고속도로가 혼잡하거나 산속에서 주유소를 찾을 수 없다면 어떻게 될지 생각하지 않는 것일까? 참고로 나는 자동차 미터기의 휘발유 표시가 절반이 되면 가득 채운다. 이렇게 하면 무슨 일이 있어도 휘발유가 떨어져 곤란한 일만큼은 없기 때문에 안심이 된다.

행동과 행동 사이의 이행 시간, 즉 연결 시간을 고려해 일정을 세우는 것이 중요하다. 여유가 없는 행동은 지각을 하거나 약속을 취소해야 하는 최악의 상황까지 만든다. 시간이 빠듯한 상태로 중요한 회의에 뛰어들면 집중하는 데에도 시간이 걸린다. 집안일도 일도 연결 시간이 중요하며, 무엇을 하느냐에 따라 다음 행동의 내용과 질이 달라진다. 이 부분을 신경 써야 더욱 차분한 마음으로 일에 착수할 수 있다.

연결 시간을
어떻게 보낼 것인지 생각한다

연결 시간에 할 수 있는 일은 여러 가지가 있다.

- 업무 자료를 읽고 신경을 집중한다. 아침식사를 정리하면서 동시에 다음 식사 메뉴를 생각한다.
- 한 가지 행동이 끝나면 방을 나가기 전에 수건은 걸려 있는지, 신발은 가지런히 놓여 있는지, 읽은 서류는 정리정돈되어 있는지 등을 체크하고 나서 그 자리를 떠난다. 회의가 끝나면 반드시 자신이 앉아 있던 책상을 살펴보며 놓고 가는 물건은 없는지 확인한다.

- 화장실에서 옷매무새를 확인하고 자신의 용무를 마친다.

- 회의 전이나 외출 시에는 물을 마시고 컨디션을 조절한다.

- 중요한 메일이나 전화에 회신한다.

- 기지개를 켜거나 심호흡을 하고, 눈을 감고 마음을 가라앉히거나 기분 전환을 하고 나서 다음 작업에 착수한다.

기분을
전환한다

일상적인 행동이 매너리즘에 빠지면 의욕이 없어진다. 따라서 새로운 에너지를 보충하는 자기만의 방식을 몇 개 익혀 두고, 능숙하게 기분을 전환하자.

유능한 사람은 시간을 효율적으로 사용하면서 행동에 탄력을 주기 위해 새로운 기력을 자가 발전시킬 수 있는 자기만의 방법과 장소가 있다. 지금 하는 일이나 작업이 어느 정도 풀리면 다른 장소로 나가자. 불쑥 낯선 거리로 나가도 되고, 근처 공원을 산책해도 된다.

나는 가까운 공원에 가서 좋아하는 나무 아래에 누워 책을 읽는

3장 단순하게 사용한다 _시간과 돈의 흐름을 원활하게

다. 편의점이나 카페에서 커피를 사 오면 자연에 둘러싸인 나만의 열린 카페가 된다.

자신이 느긋하게 즐길 수 있고 기분이 전환되는 장소는 마음먹고 찾으면 얼마든지 있다.

충실하게 보낼 시간을
찾는다

나이를 먹을수록 하루가 천금 이상의 가치가 있음을 자각해야 한다. 하루를 바쁘게 보낼 뿐 아니라 노후가 즐거워지는 시간을 보내는 방법도 중요하다.

몸이 건강할 때 계속 일하는 것도 중요하다. 정년 제도가 폐지되거나 고용이 연장된 회사도 늘어나는 추세다. 50이 넘으면 일하는 방식, 생활하는 방식은 사람마다 다르지만, 일이 없어져 갑자기 기력을 잃는 일은 없도록 한다. 일이 줄어들면 수입도 교제 범위도 줄어드는 것이 당연하다. 조금씩 현실에 대응할 수 있도록 몸도 마음도, 그리고 생활의 규모도 적응시켜 나가자.

정년 후 지금까지와 다른 방식으로 살고 싶어서 시골 생활을 하거나 새로운 취미 생활을 해보는 것도 주변에서 이해해주거나 경제적으로 여유가 있는 사람에게는 좋을 수 있다. 다만 과거에 연연하지 않으면 받았던 수입이나 대우는 내려가더라도 조금씩 즐기면서 일하는 것도 가능하다. 짧은 시간 외부에서 지금까지와 다른 일을 하는 것도 삶에 활력을 준다.

국가에서 운영하는 취업 정보 사이트에서도 고령자를 위한 일을 소개해준다. 내가 자원봉사로 강사를 하는 지역 실버 인재센터에는 정보를 등록하면 아이 돌봄, 교통안전, 고령자의 가사 지원 및 픽업 등의 일자리도 소개해준다. 최근에는 공공 요양시설에서 건강한 노인이 간병이 필요한 고령자의 식사를 돌보는 지역 자원봉사도 모집하고 있다.

상사 회사에서 오래 근무했던 한 지인은 정년 후에 시니어 자원봉사에 참여해 아시아의 한 나라에서 농업기술을 가르치고 있다. 크진 않지만 수입도 있고, 사람들에게 감사를 받으면서 일한다고 한다. 이런 삶의 방식은 인생의 황금 같은 노후기를 허비하지 않기 위해 매우 중요하다.

○ 돈을
잘 쓰는 법

돈에 대한 생각을 바꾸고, 돈이 떠나가지 않도록 돈을 써야 한다. 돈이 모이는 사람은 돈을 잘 통제하는 사람이다. 돈을 탄력적으로 사용하는 방법을 알고 있기 때문이다.

모자란 생활 자금을 기를 쓰고 모으려고만 하지 말고, 돈을 잘 쓸 방법을 생각하자. 가급적 돈을 쓰지 않고 마음이 기뻐하는 생활방식을 궁리해야 한다.

돈이 많으면 행복하다고 믿는 사람이 있다. 분명 돈이 많으면 한순간의 행복을 가져다주지만, 돈이 없다고 불행한 것은 아니다. 돈이 충분하지 않아도 건강하고, 가끔 작은 사치를 부릴 수 있다. 살 곳이 확보되어 먹을 것, 입을 것이 곤란하지 않은 생활을 할 수 있다면 충분히 행복을 느끼는 사람도 있다.

자기 주변을 둘러보며 만족할 줄 알아야 한다. 행복은 돈이 채워져 있어서가 아니라 마음이 채워져 있어야 느낄 수 있다. 큰 부자라고 해도 마음이 굶주려 외롭고 불행한 사람도 있는 법이다.

노후에 가난해지지 않으려면 연금 이외에 얼마 이상이 필요하다는 내용이 실린 잡지나 신문 기사를 보고 필요 이상으로 불안과 초조함을 느끼는 사람이 늘고 있다. 인간에게는 무한한 욕심이 있고, 그것은 아무리 따라가도 끝이 없다. 그러니 마음을 바꿔 자신의 마음이 만족하는 일을 생각하자.

수필가 요시다 겐코吉田兼好는 "의식주와 약이 있으면 가난하다고 말하지 않는다"라고 했다. 사람에게 행복이라고 말할 수 있는 것은 입을 것이 있고, 먹을 것도 있으며, 비와 이슬을 피할 수 있는 거처가 있고, 거기에 약(건강)이 있으면 된다. 시대가 바뀌어도 사람이 살아가는 원점은 바뀌지 않는다.

그 원점보다 더 많은 사치를 부리려고 하기 때문에 마음이 가난해지고 행복을 느끼지 못하는 것이다. 비록 소소하더라도 지금 자신이 가진 것과 생활에 만족하고 즐기는 것이 행복의 문을 여는 열쇠다.

허세를 부리지 않고
돈을 쓰는 법

같은 액수의 돈이라도 저마다 생각하거나 사용하는 방식은 다르다. 부족하다고 생각하는 사람도 있고, 충분하다며 감사하게 생각하는 사람도 있다. 만족하지 않는 사람은 분수에 맞지 않게 빚을 쌓을 것이고, 충분히 만족하는 사람은 능력에 따라 검소하게 잔돈을 아끼며 살 것이다.

명품 가방이나 명품 옷에 열광했던 시대도 지나가고, 요즘 젊은이 사이에서는 미래의 불안 때문인지 현실적인 삶에 대한 집착이 커지고 있다. 그래서 자신이 관심 있는 물건이나 일에만 돈을 쓴다는 사람이 늘고 있다.

최근 보트 면허를 갱신하는 곳에서 알게 된 40대 남성은 바다를 좋아해서 집 대신 자신의 보트(크루저)에서 출퇴근하고, 여름에는 티셔츠와 청바지만 있으면 충분하다는 이야기를 들려주었다. 자취를 하기 때문에 생활비도 들지 않고, 연봉 300만 엔으로도 유유자적할 수 있다고 한다.

참고로 그가 소유한 보트는 중고 가격으로도 몇천만 엔이며, 장기 항해도 할 수 있어서 생활용품이 전부 갖추어져 있다고 한다. 적당히 그을린 그의 건강한 얼굴을 보고 있으면 단순하고 알찬 인생을 사는 듯해서 부러운 마음이 들었다.

사람들이 어떻게 생각하느냐가 아니라 자기 뜻과 주장이나 주제에 맞게 돈을 써야 한다. 평소에는 검소하게 생활하다가 여행을 갈 때는 고급 서비스를 기대할 수 있는 호텔로 갈 수도 있고, 옷을 고를 때는 고급 브랜드보다 소재와 질감을 기준으로 고를 수도 있다.

자신의 생활방식에 고집을 가지고, 돈을 탄력적으로 사용하면서 살아가자.

한 가지에
힘을 싣는다

청소에 비유해서 죄송하지만, 이 방식은 청소에 빗대어 말할 수 있다. 물을 사용하는 장소에서는 마지막에 수도꼭지를 반짝반짝 닦아놓으면 그 전체가 궁전처럼 아름답게 빛나 보인다. 이것이 전문가의 기술이라고 할 수 있다.

평범한 블라우스에 고풍적인 고가의 브로치를 착용하면 고급 브랜드로 온몸을 감싸는 것보다 품위 있고 센스 있어 보인다. 그저 마음에 들어서 값싼 물건을 선택했는데, 다른 사람이 실제 가격 이상으로 평가해주면 뿌듯할 것이다.

돈을 쓰는 방식에도 그 사람의 삶의 센스가 느껴지도록 해야 한다. 돈을 낭비하지 않고, 자신이 고집하는 것이나 좋아하는 것만 엄선해서 소유한다. 성숙한 어른은 이렇게 돈을 쓴다.

○
돈에서
해방된다

돈에 무관심하면 안 되지만, 집착해도 돈이 도망간다. 노후 자금으로 몇 억이 필요하다고 하면, 저축한 돈이 있는 사람도 없는 사람도 불안해진다. 저축한 돈이 없는 사람은 어떻게 해야 할지 몰라 초조해지고, 저축한 돈이 있는 사람은 가진 것으로 충분할지 걱정이 된다.

아무리 돈을 가지고 있어도 더 갖고 싶어진다. 돈이 없으면 안심이 안 된다. 이것은 돈에 집착하는 사람이 많기 때문일지도 모른다.

돈이 중요하지 않다고 말하는 것은 아니지만, 세상의 정보에 휘

3장 단순하게 사용한다 _시간과 돈의 흐름을 원활하게

둘리지 않고, 어느 정도의 저축과 수입이 있으면 된다고 생각해야 한다. 사치스럽게 살지 않으면 어떻게든 먹고 살 수 있다고 대담하게 나올 필요도 있다.

사업을 시작한 지 얼마 되지 않았을 무렵 돈이 없어 앞으로 어떻게 될지 걱정스러웠는데, '돈이 없다고 죽지는 않는다, 어떻게든 될 것이다'라고 생각하니 갑자기 눈앞이 밝아지고 긍정적으로 살아갈 용기가 생겼다.

돈은 인생의 전부가 아니다. 진정한 풍요로움은 돈으로 물건을 사는 것이 아니라 지혜를 발휘하고 생각을 더해 풍요롭고 행복하게 사는 것이다. 돈이 아니라 사람이나 일에 관심을 돌려보자. 인생에서는 돈으로 살 수 없는 것이야말로 귀중한 재산이기 때문이다.

물건을
너무 많이 가지지 않는다

　이미 말했듯이 풍요로움은 물건의 가짓수로 정해지지 않는다. 애써 돈을 소비해 물건을 많이 샀는데, 정신을 차려보니 집 안에 물건이 넘쳐나 정리정돈에 고민하는 사람이 많은 것이 현실이다.

　물건이 많으면 관리하는 데에 시간과 노력이 들어가고, 집 안 곳곳에 먼지가 쌓여 건강에도 좋지 않다. 물건이 많으면 일일이 관리할 수 없기에 같은 물건을 또 구매하는 낭비도 생긴다. 매일 쌓여 있는 물건을 바라보면 우울해질 수도 있다. 풍요로운 기분을 맛보기 위해 물건을 많이 샀지만, 결국 몸도 마음도 빈곤해지고 만다.

가치가 오르는 골동품은 제외하고라도 많은 물건에 쏟아부은 돈은 과거의 현실이며, 새로운 미래의 돈이나 희망을 만들어주지 않는다. 오히려 넘쳐나는 물건이 집 안의 바람을 막아서 새로운 무언가를 만들어내는 기력과 에너지, 돈의 흐름까지 멈추게 하는 것이 현실이다.

너무 많은 물건이라면 적당히 처분하고, 생활을 깔끔하게 하는 것이 긍정적이고 건전한 삶을 살기 위해서 꼭 필요하다.

절약이 아니라
정성을 쏟으며 살아간다

　노후에 연금으로 생활하게 되면서 수입이 급격히 변화해 절약
해야 한다고 초조해하는 사람이 있다. 절약은 낭비를 줄이고 생
활을 긴축해 불필요한 지출을 억제하는 일이다. 하지만 생활이
어렵다는 이유로 절약을 시작하면 가난하고 비참한 기분이 든
다. 나이를 먹은 후의 절약은 지금까지 쌓아 온 지혜를 이용해 쾌
적하고 슬림한 생활을 즐기기 위한 것이어야 한다.

　흔히 독일인을 구두쇠라고 한다. 그들은 젊었을 때부터 절약 정
신을 갖고, 쓸데없는 쇼핑은 하지 않으며, 소박하고 청결한 삶을
당연시하여 연금생활자가 되어도 당황하거나 조급해하지 않고,

담담히 자기만의 생활을 즐긴다.

나의 독일인 친구는 자신이 구두쇠가 아니라 합리적이라고 한다. 결코 돈을 쓰지 않는 것이 아니라 자신에게 불필요한 것, 쓸데없는 것을 판별하고, 목적에 따라 계획적으로 돈을 사용한다는 것이다. 참고로 그 친구는 연금으로 생활하면서도 1년에 한 번씩 부부 동반으로 해외여행을 즐기고 있다.

그들은 돈을 어디에 어떻게 써야 하는지 알맞은 방법을 찾은 것이다. 물건을 소중히 하고, 낭비 없이 소박하게 살면 돈 걱정 없이 마음도 풍요롭게 지낼 수 있음을 알고 있다.

○
빚을
없앤다

　돈은 마물 같다. 많이 있어도 없어도 항상 어떤 심리적인 영향
을 미친다. 하물며 자기 돈이 아니라 타인에게 돈을 빌렸다면 어
떨까? 다른 사람에게 돈을 빌릴 수도 있고, 은행에서 대출을 받
을 수도 있다.

　부동산이나 자동차처럼 규모가 큰 지출을 할 때는 대출을 받는
일이 많은데, 빨리 갚는 것을 목표로 세워야 한다. 장기 주택담보
대출은 가능하면 조기 상환 계획을 세워 빨리 갚아나가자. 직장
인이라면 정년 전에 완전히 갚는 것이 목표가 된다. 저축이 있는
것보다 빚이 없는 것이 노후 생활에 자신감을 준다.

빚이 있다는 것은 부끄러운 일은 아니지만, 자랑할 일도 아니다. 내가 창업했을 때 처음에는 담보도 아무것도 없어서 은행에서 상대해주지 않았지만, 몇 년 후 사업이 궤도에 오르기 시작하자 돈을 빌려주겠다는 달콤한 권유가 왔다.

내가 거절하자 젊은 은행원은 대출도 실력이라며 왜 빌리지 않느냐고 의아해했다. 그런 달콤한 유혹에도 지지 않고, 분수에 맞게 사업도 가계와 마찬가지로 꾸려왔기 때문에 아직까지 개인적으로도 회사에도 빚 없이 경영하고 있다. 그것이 내 실력이라고 생각하고 있어 고액을 빌릴 생각은 하지 않는다.

은행에서 많은 돈을 빌려 사업을 확장했다가 파산한 지인이 "날씨가 좋은 날에는 우산을 빌려주지만, 비가 올 때는 우산을 빼앗아 간다"라며 은행을 원망하던 말이 아직도 귀에 남아 있다.

나이를 먹을수록 빚이 없어서 열등감을 느끼지 않고, 누구에게도 머리를 숙일 필요 없이 자유롭고 멋대로 살 수 있는 편안함이 마음에 든다.

가진 것 이상의 돈은
쓰지 않는다

가계가 항상 쪼들려 마이너스 상태인 것은 자신의 능력 이상의 돈을 쓰기 때문이다. 버는 돈 이상의 생활을 하고 있으면 수지가 마이너스가 되는 것은 당연한 결과다.

물건은 가급적 현금으로 사는 습관을 들이자. 어떤 조사에서 카드를 사용해 쇼핑을 하면 자신의 지갑 사정을 모르기 때문에 현금을 사용할 때보다 씀씀이가 커진다고 한다.

세일 등의 기회가 있어 옷을 살 때 가급적 현금으로 구매하면 자기 지갑의 현실적인 경제 상태를 의식하게 된다. 어쩔 수 없이 카드를 사용해야 한다면 이자가 붙지 않는 일시불로 하자.

적은 돈도
소중히 여긴다

티끌도 모으면 태산이 된다. 수입을 늘리는 것도 중요하지만, 그것보다 지금 자신의 현실적인 경제 상태에 눈을 돌려야 한다.

일상생활에서 쓰는 얼마 안 되는 금액도 소중히 여기자. 어느 곳이 저렴한지 식료품의 세세한 가격 차이도 신경 쓰는 습관이 중요하다. 물론 지나치게 따지는 모습에 씁쓸한 마음이 들 정도로 신경 쓸 필요는 없지만, 물건을 살 때 저렴한지 비싼지 그 느낌을 게임을 하듯이 익히면 자연스럽게 절약하는 금전 감각이 생긴다.

현금주의

　예전에는 지금과 같은 카드가 없어 모두 현금으로 지불했다. 나이가 들수록 더 이상 물건을 늘리고 싶지 않아서 원하는 것이나 사고 싶은 것이 적어진다. 다만 완전히 욕심이 없어지면 무기력해져서 외형도 늙고, 기력도 떨어진다.

　내가 아는 100세 여성이 외출용 블라우스를 샀다며 웃으면서 말해주었을 때, 사람은 몇 살이 되었든지 소액이라도 돈을 써야 삶에 활기가 돈다는 것을 실감했다. 물론 결제할 때는 카드 말고 현금이어야 한다.

　노후에는 어느 정도 필요한 현금만 가진 상태로 생활하자. 그래야 고령자를 노린 길거리 날치기나 소매치기 등을 당해도 피해액이 적다.

쇼핑도 정해진 최소한의 식료품 구매에 한정되므로 항상 지갑에 소액의 현금만 넣어 둬도 충분하다. 현금으로 돈을 내면 지갑을 들여다보면서 거스름돈이 얼마인지 암산하는 습관이 길러져 두뇌 트레이닝도 된다.

현금을 사용하면 현재 자신의 재력을 확인할 수 있고, "무는 하나에 얼마"라는 식으로 현재 물가를 파악하면서 사회와의 연결을 실감할 수도 있다.

돈을 들이지 않고
작은 사치를 부린다

다시 말하지만, 마음이 풍요로운 삶은 돈으로 살 수 없다. 빈곤함도 풍요로움도 어차피 마음먹기 나름이다.

많은 물건을 자랑하기보다 오히려 물건이나 돈에 의존하지 않고, 정성을 다해 생활하는 편이 풍요롭고 안심할 수 있다. 자신의 현재 자산을 파악하고 그 범위 내에서 즐겁게 살아가는 방법을 생각하면 된다. 돈에 의존하지 않는 풍요로운 생활, 이를 위한 새로운 발상이나 감각을 터득해 나가자.

절약하겠다고 비참한 기분이 들어서는 안 된다. 다시 말하지만 돈을 들이지 않아도 풍요롭게 살 수 있다.

매일
제대로 살아간다

갑자기 집에 누가 와도 당황하지 않고, 차라도 마시고 가라고 집 안으로 초대하거나 화장실을 사용하라고 흔쾌히 문을 열어줄 수 있는가? 이런 일이 아무렇지도 않고 자연스럽다면 매일 제대로 살고 있다는 증거다.

어느 때라도 매일 아침 세수를 하고, 잠옷을 벗고 옷을 갈아입는다. 머리를 정돈하고 옅은 화장을 하고 쓰레기를 버린다. 아침 식사는 채소를 갈아 만든 주스나 과일만이라도 좋으니 식탁에 차려놓고 앉아서 먹는다. 식후에는 식기와 테이블을 잘 치운다.

가끔은 백화점 지하에서 반찬을 구매하거나 외식을 하는 것도 편리하고 기분 전환이 되지만, 기본적으로는 소량이라도 생각해서 손수 만들자. 방은 항상 깔끔하게 정리할 수 있도록 신경 쓴다. 사용한 물건은 제자리에 되돌려 놓고, 얼룩은 그때그때 깨끗이 지우면 충분하다.

볼일이 있든 없든 기상 시간과 취침 시간을 정해서 수면 시간을 충분히 확보한다. 근처를 산책하거나 쇼핑하러 나가서 바깥 공기를 마시고 거리의 모습을 피부로 느낀다.

일상의 별것 아닌 사소한 일에 관심을 두고, 정성을 다해 살아가면 돈도 들지 않는다. 돈이 부족해지면 어쩌나 하는 장래의 불안도 사라지고, '인생은 어떻게든 된다'라고 생각하게 된다. 지금까지 오랫동안 나이를 먹으면서 경험을 통해 알게 되었다.

하루하루를 제대로 살아가고 있다고 실감하는 것은 단순하고 풍요로운 생활의 기본이다.

타인을 위해
돈을 쓴다

어려움에 처한 사람에게 도움을 줄 수 없을지 생각해보자. 우리는 모두 많은 사람의 지원을 받았기에 오늘의 내가 있는 것이다.

자기가 가진 돈은 자신이 다 써야 풍요로운 기분이 든다고 생각하는 사람도 있다. 하지만 자신이 할 수 있는 일로, 다른 사람에게 도움이 될 수 없는지 찾는 사람도 많다.

매년 일정 금액을 기부하는 것도 좋다. 나는 기부를 하고 나면 조금 소비를 자제해야 할 때도 있다. 하지만 타인을 위해 돈을 쓴 나 자신의 상냥함을 칭찬해주고 싶다.

4장

단순하게
산다

건강, 마음, 인간관계

건강한 생활에 유의한다

 몇 살이 되어도 건강하게 자립하는 생활을 하고 싶은 것은 모든 사람의 소원이다. 건강이란 단지 병이 없다는 것만이 아니라 체력이 있고, 기분과 컨디션이 조절되는 상태를 말한다.

 나이에 맞게 젊음과 건강을 유지하는 것은 자기답게 자립하고 행복하게 살기 위한 기본이다. 건강만을 위해 노력하는 것이 아니라 언제까지나 활기차고 행복한 삶을 얻기 위해 건강해지는 것을 목표로 하는 것이다.

4장 단순하게 산다 _건강, 마음, 인간관계

식사를
즐긴다

식사는 양이 아니라 질을 챙기도록 한다. 뭐니 뭐니 해도 먹는 것이야말로 몸과 마음에 활기를 불어넣어 주는 원천이기 때문이다.

몸에 좋다고 해서 채소 위주의 식생활을 계속했더니 기운이 없어졌다는 이야기를 들었다. 병원에서 검사를 받아도 특별한 문제는 없다고 했다. 그러다 담당 의사의 조언으로 일주일에 한 번, 소고기나 돼지고기를 먹었더니 금세 혈색이 좋아지고 기운을 되찾았다고 한다.

저칼로리, 저단백질은 식단이 불균형해서 반드시 몸에 좋다고 할 수 없다. 특히 식욕이 줄어드는 고령자에게는 달걀이나 육류 등의 동물성 단백질도 적당히 필요하다.

이것은 안 된다, 이것이 좋다고 하는 영양 정보에 휘둘리지 말고, 몇 살이 되더라도 채소나 단백질을 중심으로 균형 잡힌 식생활을 하는 것이 중요하다. 음식 재료는 호불호에 따라 선택하지 말고 다양한 음식을 맛있게 먹을 수 있도록 궁리해야 한다.

어떤 연구에서는 식사는 신체만이 아니라 정신에도 영향을 미친다고 한다. 이때 몸과 마음에 좋은 영향을 주는 음식을 알아두면 편리하다.

내가 신경 써서 먹는 식재료를 소개해보겠다.

- 출출할 때는 우유를 마시거나 견과류를 먹으면서 뇌에 좋은 단백질을 보충한다.
- 오렌지 주스나 바나나는 피곤할 때 기분을 전환하기 위해, 특히 아침에 효과적이다.
- 건강식이라고 하는 콩류와 두부는 샐러드로 만들어 야식으로 먹는다.
- 면역력을 올려주는 마늘은 집에 항상 준비해두었다가 파스타, 볶음 요리, 수프 등에 넣는다.

최근에는 친구가 가르쳐준 흑마늘에 빠져 있다. 잼처럼 달콤해서 빵과 곁들여 먹는다. 친구는 만드는 데에 손이 매우 많이 간다고 했는데, 나는 껍질째 오븐에 구워 먹는 방법으로 쉽게 만들고 있다.

- 혈류를 좋게 하는 레드와인은 치즈나 아몬드를 곁들여 한 잔 정도 마신다. 잠들기 한 시간 전이 가장 좋다.
- 몸에 좋은 식재료라도 싫증이 나면 먹고 싶을 때까지 며칠 간 쉰다.
- 제철 채소는 무엇이든 가리지 않고 먹는다.

참고로 우리 집의 상비 건강식품은 무염 땅콩, 우유, 두유, 블루베리(생이나 냉동), 매실 장아찌, 아보카도, 키위와 사과 등의 제철 과일, 말린 표고버섯, 초콜릿, 마시멜로 등이 있다. 이런 식품은 떨어지지 않게 늘 보충한다.

그 외에 제철 채소, 고기나 생선, 해조류 등을 저칼로리와 고칼로리의 균형을 생각하면서 몸에 받아들이려고 한다. 가끔은 파크 하얏트 호텔의 애플파이가 먹고 싶을 때도 있다. 그럴 때는 고칼로리라고 참지 않고 생크림을 듬뿍 곁들여 먹으면서 몸도 마음도 기쁘게 한다.

　나이가 들면 먹고 싶은 것을 참지 않는다. 아무리 건강에 신경을 써도 사람의 생명에는 한계가 있기 때문이다. 다만 살아있는 한 건강하고 자립적인 생활을 하고 싶다. 그래서 가급적 칼로리나 영양의 균형이 깨지지 않도록 신경 쓴다.

　이것이 몸과 마음의 건강을 유지하기 위한 노인의 지혜다.

4장 단순하게 산다 _건강, 마음, 인간관계

부지런히
식재료를 사러 나간다

  나는 아무리 바빠도 반드시 일주일에 한두 번은 식재료를 사러 나간다. 앞서 언급했듯이 부지런히 식재료를 사러 나가는 것은 가게와 물건을 선택하고, 돈을 넣고 빼는 과정에서 두뇌 트레이닝도 된다.

  게다가 요즘 물가를 알 수 있고, 채소 등은 기후 변화에 영향을 받는다는 것도 실감할 수 있다. 사시사철 매장에 진열된 식재료, 블루베리, 복숭아와 배, 유자 등 제철 과일과 채소를 만나면 계절을 실감할 수 있다.

  최근에는 대부분의 채소와 과일을 일 년 내내 구할 수 있어 계절감이 희미해지기 시작했다. 그래도 부지런히 사러 나가면 제철 채소와 과일이 눈에 들어온다.

오이와 가지 가격이 조금씩 떨어지기 시작해 매장에 수북이 진열되면 여름 채소의 계절이 시작된 것이다. 생선도 처음에는 초여름에 잡히는 가다랑어, 근해에서 잡히는 고등어와 꽁치 등 아직 제철인 것이 있다.

제철 채소와 과일, 생선은 영양이 풍부하다. 계절을 느끼게 해주는 식재료는 몸도 마음도 건강하고 활기차게 해준다. 나는 백화점 지하에서 제철 채소와 과일, 생선 등을 보면서 어떻게 요리를 해 먹을지 여러모로 상상하는 것을 좋아한다. 물론 자주 나가서 제철 식재료를 놓치지 않고 '아, 봄이 가까이 왔구나', '곧 가을이 오는구나'라는 식으로 항상 계절을 느끼며 살려고 한다.

○
뼈까지 먹는
습관

.

나는 가끔 가는 바닷가 집에서 바닷바람을 느끼며 현지에서 잡은 싸고 신선한 생선 삼매경에 빠져 행복한 시간을 보낸다. 귀경길에는 근처 어부가 운영하는 생선가게에서 말린 전갱이를 산다. 갈고등어보다 근해에서 잡은 작은 전갱이를 고르고 있으니 낯익은 주인이 나에게 생선에 대해 잘 안다면서 웃음을 보였다.

현지인들은 작은 전갱이를 통째로 숯불에 구워 뼈까지 다 먹는다고 한다. 현지 바다축제에서 먹었던 작은 전갱이 숯불구이의 맛을 잊을 수 없어서 전갱이는 무조건 생으로 잘게 썰어 먹거나 말린 것을 숯불에 구워 먹는다. 도시에서는 숯불 요리가 어렵기 때문에 오븐에 잘 구워서 뼈까지 바삭바삭하게 만들어 먹는다.

통째로 먹을 수 있는 작은 물고기는 칼슘이 풍부하고 미네랄과 비타민을 많이 함유하고 있다. 뱅어나 멸치도 자주 먹는데, 어부에게 배운 바삭바삭한 작은 전갱이구이도 식생활에 추가되었다. 말린 전갱이를 바싹 구워 먹는 것은 조리 방법도 단순하게 굽기만 하면 되므로 번거롭지 않다.

최근에는 고향 친구들이 넉넉히 보내준 뱅어로 뱅어 산초를 만들려고 하니 가슴이 두근거렸다. 기성품보다 설탕과 간장을 적게 넣어 싱겁게 하고, 산초를 넣고 끓이기만 하면 된다. 글을 쓰거나 책을 읽다가 시간이 날 때 만들어 놓으면 와인과 함께 먹거나 밥과 함께 먹을 수 있어 식탁에 활기가 돈다.

생선뿐 아니라 채소나 과일 등 버리는 부분 없이 식재료를 다 먹는 '전체식'이라는 방법도 여러 가지 찾아보면 식생활이 풍부해지고 인생이 즐거워진다.

오색 팔레트
채소

 균형 잡힌 식생활에 신경 쓰는 것이 중요하다. 나처럼 영양학 초보자에게도 어려운 일은 아니다. 단순하게 생각해서 채소를 선택할 때 색깔을 보고 고르면 된다. 나는 직접 '오색 팔레트'라고 부르면서 항상 식재료를 선택하는 데에 이 방법을 염두에 두고 있다. 형형색색의 아침 식탁을 보고 마치 수채화 팔레트 같다는 가족들의 말에서 이름을 따왔다.

 냉장고에서 채소를 꺼내 요리할 때 빨간색, 노란색, 초록색, 흰색, 검은색의 오색을 체크하기만 하면 된다. 샐러드에 빨간 토마토, 노란 당근, 녹색 피망, 하얀 무를 넣고 검은색이 부족하면 검은깨를 뿌리는 식이다.

부족한 색상은 다른 요리로 보충하는 식으로 약간의 궁리만 더 하면 되기 때문에 매우 간단하고 마음에 든다. 요점은 식탁에 차려놓은 채소 요리가 오색 팔레트처럼 색깔이 갖추어져 있으면 된다. 익숙해지면 눈에 익어서 의식하지 않고도 할 수 있게 된다.

○
몸을
움직인다

　매일 5천 보 이상을 걷는 것이 좋다. 휴대전화에 걸음 수가 표시되기 때문에 나는 목표 걸음 수를 달성하면 오늘의 할당량을 달성했다고 안심하고 그 이상의 걸음은 신경 쓰지 않고 뇌리에서 지운다.

　5천 보 걷는 것이 힘들다면 하루 최소 30분 이상 몸을 움직인다. 물론 연속해서 움직이는 것이 이상적이지만, 나는 하루에 움직이는 시간을 합해서 30분으로 정해놓았다. 매사 완벽하게 하려면 피곤하니 가끔은 적당히 여유를 부리면서 느긋하게 살아가기로 했다.

집에서는 일부러 계단을 올라가서 다른 방으로 물건을 가지러 가거나 물이나 차를 마시러 주방을 왕복하기도 한다. 외출한 곳에서는 기운이 있으면 엘리베이터나 에스컬레이터를 이용하지 않고 계단으로 올라간다. 긴 계단을 내려가는 것은 무릎에 부담이 되기 때문에 올라갈 때만 이용한다.

매일 정시에 조깅하는 것은 성격적으로 맞지 않기 때문에 하루 중에 어느 때든 10분 정도 산책하려고 한다. 자전거를 타든, 쇼핑을 나가든, 정원을 가꾸든 몸을 움직이는 것은 건강에 좋다. 특히 야외 공기를 느끼면서 산책이나 운동, 정원을 가꾸는 식의 작업이 이상적이다.

몸을 움직이면 뇌내 물질인 펩타이드Peptide가 나와 뇌의 기능을 활발하게 해준다고 하니 머리가 멍해지는 것도 방지가 될 것 같다.

빠른 걸음으로 산책하다 보면 안 좋은 기분까지 해소된다. 날씨와 관계없이 하루에 가능한 시간대를 찾아 정시가 아니더라도 매일 10분씩 걷는 일부터 시작하자.

4장 단순하게 산다 _건강, 마음, 인간관계

근력 운동은
무리하게 하지 않는다

격렬한 훈련은 전문 선수들에게 맡기고, 일반적인 사람은 몇 분간의 트레이닝으로도 충분한 효과를 누릴 수 있다. 천천히 하는 근력 운동은 고통 없이 즐기면서 할 수 있다. 굳이 헬스장에 가지 않아도 집에서도 가능하다. 움직이지 않는 벽이나 책상을 강하게 누르면 다리와 팔 근육이 늘어나기 때문에 혈액순환이 좋아진다.

일상생활의 동작 중에서 쉽게 할 수 있는 훈련을 소개해보겠다.

• 이를 닦으면서 한 발로 번갈아 선다.

- 세수를 하고 수건으로 닦은 뒤 양손에 수건을 들고 크게 기지개를 켠다.
- 샤워 후 수건으로 몸을 닦을 때는 전신운동을 하는 것처럼 큰 동작으로 한다.
- 의자에 앉아 있을 때는 발가락 끝을 바닥에 붙인 채 위아래로 움직인다. 다리를 떠는 동작과 흡사하다.
- 유리창을 닦을 때는 크게 팔 근육을 의식하면서 움직인다.

어디까지나 연령과 체력에 맞는 완만한 움직임으로 스스로 훈련하는 습관을 들여 건강하게 생활할 수 있도록 한다. 달릴 수 없으면 천천히 걷는다. 정원에서 식물이나 채소를 기르는 것도 좋다. 어떤 일이든 조금이라도 몸을 움직이기 위해 신경 쓴다.

근처에 사는 한 남성은 하루에 한 번 산책을 겸해 가까운 편의점에 가서 술과 안주를 산 뒤에 일부러 멀리 돌아온다고 한다. 태풍, 폭풍, 폭설이 오는 날은 힘들지만, 비가 조금 내리더라도 우산을 쓰고 나간다. 이 남성처럼 산책하는 습관도 어떤 즐거운 목적이 있으면 오래 유지할 수 있다.

나는 30분 이상 같은 자세로 앉아서 작업을 하거나 글을 쓰고 난 뒤에는 반드시 바닥에 걸레질을 하면서 5분 정도 돌아다닌다.

4장 단순하게 산다 _건강, 마음, 인간관계

시판하는 물티슈나 젖은 수건을 대걸레에 끼워 바닥을 청소하면 몸도 건강해지고 바닥도 깨끗해지며 기분도 상쾌해진다.

이것은 아주 간단한 운동이라서 몇 살이 되더라도 할 수 있도록 기력과 체력을 유지하려고 한다. 동시에 자력으로 일상적인 일을 할 수 있는 건강 수명을 연장하는 생활에 주의를 기울이고자 한다.

○
적당한 군살로
몸도 살림도 말끔히

주방이나 식탁에 많은 음식이 어지럽게 놓여 있는 집은 어른도 아이도 살이 찌는 경향이 있다고 한다. 식사 시간 이외에 음식이 눈에 띄면 무심코 집어먹게 되어 체중이 증가하는 것이다.

그러고 보니 어린 시절에는 식사가 끝나면 식기를 정리하고 밥상을 접어서 벽에 기대어 놓았던 기억이 난다. 그때는 아침, 점심, 저녁 세 끼 이외에 먹을 것은 세 시에 먹는 간식뿐이었다. 어른도 아이도 간식을 먹는 습관이 없었고, 저녁식사 시간이 되면 꼬르륵거리는 배를 부여잡고 오늘의 저녁 반찬을 기대하곤 했다.

당시에는 주변의 어른이나 아이들 모두 날씬하고 비만인 사람을 거의 볼 수 없었다. 지금은 음식이 넘치는 시대라서 제대로 정해진 시간에 식사하는 것이 건강한 식생활이라고 할 수 있다.

비만은 성인병 등 여러 질병을 일으키는 원인이 되므로 가급적 날씬한 편이 건강에도 좋다. 물론 과체중을 조심해야 하지만, 중장년층의 과도한 다이어트도 피하는 것이 낫다.

앞서 말했듯이 나이가 들수록 저칼로리만 먹는 것은 좋지 않다. 고령이 되면 식욕이 떨어져서 기름진 음식을 피하게 된다. 의식적으로 가끔은 고칼로리 동물성 단백질을 받아들이는 것도 중요하다. 최근에는 조금 뚱뚱한 사람이 더 건강하고 장수한다는 데이터도 있다.

동물성 단백질로 생선, 고기, 달걀을 골고루 섭취하는 것이 좋다고 한다. 내가 아는 어느 102세 부인은 달걀과 고기를 매우 좋아하며 채소나 생선 또한 가리지 않고 먹는다고 한다. 일주일에 두 번 방문하는 데이케어에서 최근 식사 맛이 진해졌다며 염분을 줄여달라고 할 정도로 미각에 민감하다. 그녀의 겉모습은 날씬하지만, 자세히 보면 군살도 적당히 붙어 있다. 고령이 되었기 때문에 다양한 재료를 균형 있게 먹는다고 한다.

물을
마시자

열사병을 예방하려면 수분 보충이 중요하다. 아침에 일어났을 때와 밤에 자기 전에 물을 한 컵 마신다. 배고플 때는 반드시 물을 마신다. 특히 식전의 물 한 컵은 과식이나 과음을 방지하기 위해서도 중요하다고 한다.

물은 신진대사를 촉진한다. 마시는 양은 체중이나 나이에 따라 조절한다. 나는 1.5리터 정도를 기준으로 삼고 있다. 운동을 해서 땀이 많이 나면 필요에 따라서 2리터 정도가 될 수도 있다.

정기적으로 물을 마시는 습관이 생기면 커피나 단 것이 별로 생각나지 않아서 건강한 생활습관을 되찾을 수 있다.

4장 단순하게 산다 _건강, 마음, 인간관계

따뜻한 물을 마신다

나는 좋아하는 탁상 포트에 항상 뜨거운 물을 넣어 둔다. 이렇게 하면 언제든지 간편하게 따뜻한 물을 마실 수 있다. 계절과 관계없이 녹차를 우릴 때 편리하고, 보온 효과가 있어서 불필요한 광열비도 들지 않는다.

포트의 뜨거운 물에 우리는 아침 녹차의 맛은 각별하다. 찻잎에 끓인 물을 부어 우려내는 차는 커피나 홍차처럼 몸에서 수분을 빼앗지 않기 때문에 기분이 더 상쾌하다. 한 연구에 따르면 녹차는 기분이 상쾌해지는 세로토닌을 늘리는 작용이 있다고 한다.

일어나자마자 물을 마시고, 따뜻한 물에 우려낸 녹차를 마시며, 그리고 커피나 홍차를 마신다. 이것이 내가 아침에 마시는 순서이다.

4장 단순하게 산다 _건강, 마음, 인간관계

맛있게
먹기 위해서

　음식을 먹을 때 배부른 상태로 있으면 어떤 음식도 맛있게 느껴지지 않는다. 무리하게 먹으면 칼로리가 오버되고, 체중이 계속 증가해 건강을 해치게 된다. 남는 음식이 아깝다고 억지로 먹어서는 안 된다. 자신이 무엇을 얼마나 먹으면 적당히 배가 부른지 알아두자.

　밤에 음식을 먹으면 소화불량에 걸리기 쉽고, 장에도 부담이 된다. 저녁식사는 하루 중 가장 가볍게 먹자. 다음 날 공복으로 눈을 떠야 아침식사가 맛있다고 느낄 수 있다. 나는 어렸을 때처럼 아침에 일어났을 때 배가 꼬르륵거리는 것을 기준으로 삼고 있다.

○ 쾌적한
수면

 나이가 들면 잠이 잘 오지 않고, 숙면을 할 수 없어 고민하는 사람이 많아진다. 전문가들에 따르면 고령이 되면 운동량이 줄어들고, 신체의 대사 기능이 떨어지기 때문에 잠이 얕아져서 잠을 설친다고 한다. 나이에 따라 오는 현상이라면 어쩔 수 없지만, 그래도 가급적 쾌적한 수면을 하고 싶다.

 적어도 8시간은 자야 한다는 이야기가 있지만, 수면 시간은 사람마다 다르다. 수면 시간이 짧아도 낮에 졸려서 일이나 생활에 지장을 주지 않으면 그것으로 된 것이다.

 나는 7시간 잠을 자면 아침에 상쾌하게 눈이 떠져서 그날은 활기차게 활동할 수 있다. 그보다 적게 자거나 많이 자면 머리가 멍해지고 몸이 나른해진다. 그래서 나는 7시간을 유지하는 것이 건강한 생활에 필수적이다. 어떤 연구에서는 10시간 이상 수면을 하는 것은 건강에 좋지 않다는 데이터도 있다고 한다.

뇌는 잠을 자면서 충전되어 피로도 풀리고 의욕과 활기가 생긴다. 쾌적한 수면으로 적당히 충전하는 것이 뇌에 가장 좋을지도 모른다.

일설에 따르면 나폴레옹은 4시간밖에 잠을 자지 않았다고 한다. 다만 몇 번씩 짧은 낮잠을 자면서 부족한 잠을 보충했다고 한다. 피로는 수면 초반에 나오는 성장 호르몬에 의해 회복된다고 알려져 있다. 그래서 짧은 낮잠을 잔 후에는 머리가 맑아져 원기를 되찾을 수 있는 것이 아닌가 싶다.

나는 베개가 바뀌어도, 어디서나 침대에 눕자마자 곯아떨어지는 서글픈 몸뚱이를 가졌다. 가끔은 잠이 안 와서 몸부림칠 때도 있다. 그럴 때는 다음 날 아침에 일정이 있든 없든 침대에서 나와 물을 마시거나 좋아하는 스도쿠(1~9 숫자 맞추기)를 하면서 시간을 보낸다. 비록 수면 시간이 짧아지더라도 다음 날 밤에는 빨리 졸음이 와서 일찍 잠자리에 들 수 있어 푹 자게 된다.

가끔은 수면 디톡스라고 생각해 잠이 안 오거나 숙면을 하지 않아도 신경 쓰지 않는다. 건강한 사람이라면 다음 날이나 며칠 후에 제대로 수면 시간이 조정되기 때문이다.

오히려 불안에 사로잡혀 수면제나 술에 의존하지 않도록 한다. 사람은 며칠 동안 잠을 못 자면 살 수 없기 때문에 결국 잠은 오기 마련이다.

낮잠은
짧게

한 대형 전자 회사에서 휴게실을 마련했더니 실적이 향상되었다고 한다. 어둡고 조용한 방에서 정해진 시간에 낮잠을 잘 수 있기 때문이다. 최근 미국의 한 IT 기업에서는 명상을 하거나 낮잠을 자는 방을 마련해 직원들의 건강에 도움을 주는 곳도 있다고 한다.

한 조사에 따르면 낮잠을 자는 사람들은 심근경색에 걸릴 확률이 줄어든다. 낮잠은 가능한 한 정해진 시간에 자는 것이 좋다고 한다. 가장 좋은 시간은 오후 2시부터 4시까지이며, 피로 회복은 잠의 길이보다 언제 자느냐에 달려 있는데, 낮잠 자는 시간은 20

분 이내가 이상적이라고 한다.

그러고 보니 학창 시절 한여름에 한 시간 이상 낮잠을 자고 나면 몸이 나른해지고 피로가 한꺼번에 밀려오는 기분이 들었다. 이후에는 일을 중심으로 살아가면서 낮잠에 대한 관심에서 멀어졌지만, 나이를 먹으면서 최근에는 다시 생각하고 있다. 몇 분이라도 짧게 자면 피로가 풀리는 것을 발견했기 때문이다.

4장 단순하게 산다 _건강, 마음, 인간관계

기분 좋게
눈을 뜬다

- 갑자기 침대에서 일어나지 말고 천천히 심호흡하면서 크게 몸을 편다. 이것은 낮잠에서 깨어났을 때도 마찬가지다.
- 먼저 일어나자마자 물을 마시자. 수면 중에 약 1리터의 수분을 잃는다는 사실을 알고 있는가?
- 침대에 누운 채 개나 고양이처럼 크게 손발을 뻗는다. 자는 동안 움츠러든 근육을 펴고 산소를 몸에 받아들이기 위한 가벼운 아침 스트레칭을 한다.
- 입는 옷을 침대 옆에 가지런히 두면 쓸데없는 움직임 없이 원활하게 활동할 수 있다.

- 아침에 가벼운 산책을 한다. 쓰레기를 버리러 가는 김에 근처를 조금 걸으면서 가벼운 산책을 한다. 아침의 신선한 공기는 혈액순환에 효과적이라고 한다. 팔을 크게 돌리면서 천천히 오늘 일이나 집안일 일정을 생각하면서 걸으면 조금씩 머리가 맑아진다.

- 차를 마신다. 앞에서 언급했듯이 부엌에 서서 녹차를 마신다. 전날에 샐러드나 빵을 손질해놔서 식탁이 80퍼센트 준비되어 있으면 시간도 걸리지 않고 기분 좋게 하루가 시작된다.

계단에
층계참을 만든다

피곤하다고 느껴지면 무리하지 말고 당당하게 쉬자. 내가 회사를 막 차렸을 무렵 신문 인터뷰에서 "계단에 층계참이 있듯이 한 번에 뛰어오르지 않고, 틈틈이 쉴 곳을 마련해 놓고 경영하고 싶다"라고 이야기했던 오래된 기사를 발견했다.

이 생각은 수십 년이 지난 지금도 변하지 않았다. 일도 집안일도 놀이도 너무 열심히 해서 피곤하다고 생각되면 조금 쉬어야 한다. 나이가 들면 젊었을 때와 달리 금방 피로해지는 것은 당연하다.

하지만 나는 예전부터 피곤하면 당연히 잠시 쉬어가야 한다

고 생각했기에 나이 때문이라고는 생각하지 않는다. 노력을 적
당히 해온 나 자신 덕분에 나이를 먹었어도 나이 탓을 하지 않고
쉴 수 있어 다행이다.

원숙한 마음을
갖는 방법

사람은 몇 살이 되어도 자신을 잘 알지 못한다. 하루하루 눈앞의 잡다한 일에 쫓겨 자칫 자신의 장단점을 생각할 겨를도 없이 삶이 새겨져간다. 어느새 나이만 먹고 도대체 지금까지 뭘 해왔는지 허무해지고, 급기야 어쩔 수 없다고 체념한다.

그렇다고 모든 것을 깨달은 노인이 되고 싶지는 않다. 젊은 마음은 남기면서 나이에 맞게 원숙한 인생을 살고 싶다. 앞으로의 귀중한 인생 후반을 충실하게 살기 위해 자신이나 타인에게 어떤 마음을 먹어야 하는지 계속 답을 찾아보자. 젊었을 때는 깨닫지 못했지만, 나이를 먹은 지금이라서 알 수 있는 것도 있다.

자신의 장점

누구나 잘하는 것이 있다. 서툰 것은 바로 입에서 나오거나 태도로 나오지만, 자신의 장점이나 특기는 모르고 지내기가 쉽다.

인생의 후반에 와서 서툰 것을 극복하는 것은 고통이 따라와 의미가 없지 않을까? 그렇다면 지금까지 피해온 서툰 일에 도전할 에너지를 잘하는 일에 돌리는 편이 나을 것이다.

곰곰이 생각해보면 의식을 하든 안 하든 사람은 잘하는 일이나 장점을 살리면서 실패나 성공을 반복한다. 그것이 지금 자신의 경험이나 능력이 되어 자신의 현재를 결정하고 있다.

그렇다면 자타가 인정하는 자신의 장점이나 특기를 써보자. 다음에 예를 들어보겠다.

- 어려운 사람을 보면 돕는다.
- 물건을 낭비하지 않는다.
- 수입이 얼마이든 생활을 즐길 수 있다.
- 사람을 기분 좋게 하는 일을 좋아한다.
- 누구와도 이야기를 잘한다.
- 싸움을 싫어한다.
- 다른 사람과 경쟁하지 않는다.
- 자력으로 원하는 바를 이룬다.
- 노력가이다.
- 인내력이 있다.
- 신체가 튼튼하고 건강하다.
- 항상 행복을 발견한다.
- 글씨를 잘 쓴다.
- 목소리가 좋다는 소리를 듣는다.
- 달리기가 빠르다.
- 테니스를 잘한다.
- 항상 밝다는 소리를 듣는다.

- 사소한 일로 고민하지 않는다.

- 잘 웃는다.

- 항상 긍정적이다.

- 재기가 빠르다.

이런 식으로 계속 써보자. 그중에서 특히 뛰어나다고 생각하는 것에 크게 동그라미 표시를 해본다. 그러면 객관적으로 바라보는 자신을 알게 된다. 나는 다른 사람에게 들은 것을 써보면서 내가 다른 사람에게 어떻게 보이는지 처음 깨달았다.

자신의 과거를 다시 살펴보면서 남은 인생을 살아갈 마음을 먹는 방법, 인생을 살아갈 방법의 열쇠를 찾을지도 모른다.

4장 단순하게 산다 _건강, 마음, 인간관계

행복을
느끼기 위해서

  자신이 행복한지, 불행한지는 마음먹기에 달려 있다. 돈이 없어서 아무것도 사지 못해 불행하다고 한탄하는 사람도 있고, 나처럼 돈이 없어도 지혜가 있으면 행복하다고 생각하는 사람도 있다.

  행복의 파랑새는 제멋대로 오는 것이 아니라 어디에 있는지 스스로 찾아내야 한다. 행복은 한순간이며 결코 지속적이지 않다. 힘든 일, 싫은 일이 지속된 후에 즐거운 일, 기쁜 일이 있으면 마음속 깊이 행복하다고 감격하게 된다. 그리고 또 불행하다고 느끼는 괴로운 일, 슬픈 일이 찾아온다.

인생은 표리일체이고, 빛과 그림자가 있으며, 행복과 불행을 느끼는 일이 연속된다. 나이를 먹을수록 이런 것을 경험으로 알 수 있다. 그러니 설령 불행하다고 느끼는 일이 있어도 한없이 한탄하지 말고, '내일은 반드시 좋은 날이 올 거야'라고 믿고 마음을 바꾸자.

○
지금에
집중한다

"그날 고생은 그날로 충분하다"라는 말이 있다. 오늘이라는 날
은 다시는 찾아오지 않는다. 지구상의 모든 존재에 주어진 피할
수 없는 사실이다.

특히 나이가 들면 이 말이 더욱더 절실히 느껴진다. 고령자에
게 하루는 순식간에 지나간다. 어린 시절에는 시간이 느리게 가
서 "몇 밤 더 자면 설날"이라고 손꼽아 기다리던 느낌이 희미해
지고, 고령이 되면 시간이 휙휙 지나가는 것처럼 느껴진다.

여러분은 지금 몇 살인가? 앞으로 몇 번의 설날을 맞이할까?
꽃놀이, 단풍, 불꽃놀이를 볼 수 있는 계절은? 90살까지 산다면

앞으로 몇 년 며칠이 남았는가? 이를 길게 느끼는 사람도 짧게 느끼는 사람도 나이를 의식하면 다시금 오늘을 힘껏 살아야겠다는 마음이 들 수 있다.

'연금만으로는 생활할 수 없는데', '아프면 어떻게 해야 하지'라는 먼일만 신경 쓰느라 현재를 잊지 않도록 하자. 또한 과거를 떠올리거나 미래에 대한 이런저런 생각으로 우울해지거나 불안해지지 않도록 지금을 어떻게 즐길 것인지 생각하며 마음을 전환한다.

지금 할 수 있는 일, 지금 즐길 수 있는 일을 생각해서 현재의 삶에 살려보자. 나이와 상관없이 긍정적이고 삶에 적극적인 사람은 면역력이 증가해 병도 잘 걸리지 않는다고 한다.

언제나
일기일회

　예로부터 사람은 한 치 앞도 못 본다고 했듯이 앞일은 아무도 예측할 수 없다. 재해는 생각지도 못할 때 덮쳐 오고, 질병이나 사고도 갑자기 찾아온다. 평균 수명은 통계학적인 것으로, 그 이상을 목표로 매일 건강을 관리해야 하지만, 생명은 영원하지 않다는 것도 명심해야 한다.

　갑작스러운 재해에 대비해 방재 용품과 물 등을 비축하고, 피난 경로를 확인해두는 일도 필요하다. 이런 불확실한 세상에 산다고 자포자기할 필요는 없지만, 무슨 일이든 오늘이 마지막일지 모른다는 마음의 각오도 어느 정도는 해야 한다.

일기일회一期一会는 불교에서 유래한 말이지만, 다도에서도 사용된다. 사람이 태어나서 죽을 때까지의 평생一期에 만나는 사람이나 일어나는 일은 한 번一会밖에 없다. 그래서 성의를 다해 사람을 대하고 일을 하도록 항상 마음속에 품고 있다.

처음 이 말을 만난 것은 대학을 졸업하고 취직한 항공사ANA에서였다. 당시 회사 방침에 가까웠던 이 말은 입사식이나 그 후의 훈련에서도 서비스업을 하는 사람의 기본적인 마음가짐이라고 들었고, 이후 젊고 순수한 마음에 확실히 각인되었다.

나이를 먹은 지금도 인간관계나 평소 일어나는 일에 대해 마음을 먹을 때 일기일회라는 말을 소중히 여기고 있다. 그래서 다시는 없을 지금의 만남이나 일어나는 일에 감사하며 살고자 한다.

4장 단순하게 산다 _건강, 마음, 인간관계

하고 싶은 말을 못하면
속이 답답하다

작가 요시다 겐코가 이런 말을 했다. 동서고금, 남녀노소를 막론하고, 자기가 하고 싶은 말을 하지 않으면 개운하지 않고 스트레스가 쌓여 몸에도 마음에도 좋지 않다고.

외국 영화를 보고 있으면 종종 상담해주는 직업의 사람이 등장해 고민하는 사람의 이야기를 듣는 역할을 한다. 나이가 들면 특히 체력이나 기력이 떨어져 우울증을 겪는 사람이 많다. 이럴 때 마음속에 있는 자기 생각이나 고민을 편하게 말할 수 있는 사람이 가까이에 있을 수 있을까? 자기 속내를 털어놓을 수 있는 친구나 가족이 있으면 좋을 테고, 물론 상담사라도 상관없다. 중요한 것은 신뢰가 생겨서 내가 하는 말에 가만히 귀를 기울이고, 이야기 도중에 의견을 말하지 않는 사람이 가장 좋다는 것이다.

그저 단순히 점심을 먹거나 차를 마시면서 서로 잡담을 나누거나 배우자의 욕설로 꽃을 피우다 보면 마음이 차분해지기도 한다. 잘하는 취미에 몰두하고, 스포츠를 하며 땀을 흘리면 가벼운 고민은 어디론가 사라질 수도 있다.

산을 좋아하는 50대 지인(여성)은 산꼭대기에서 "○○은 바보 멍청이야!"라고 소리를 지르면 마음의 응어리가 스르륵 사라진다고 한다. 화초를 가꾸는 것이 취미인 동네의 60대 부인은 정원의 풀을 뜯으면서 잡초에게 불평과 고민을 말한다고 한다. 이 나이에 다른 사람에게 이야기하는 것도 부끄럽다며 풀은 아무 말없이 가만히 들어주기 때문에 무엇이든 편하게 이야기할 수 있다는 것이다. 육체노동으로 땀을 흘리며 대강 잡초에게 속내를 털어놓으면 고민은 어느새 사라지고 상쾌함이 남는다고 했다.

이렇게 각자 다른 스트레스 해소법으로 자신이 안고 있는 고민과 마음의 응어리를 가능한 한 빨리 털어내는 것이 좋다.

4장 단순하게 산다 _건강, 마음, 인간관계

소리 내어
크게 웃는다

옛날부터 웃는 자에게 복이 온다고 했다. 나이를 먹을수록 고상한 웃음이 아니라 마음속 깊은 곳에서 우러나오는 큰 소리로 마음껏 하하하 웃어보자. 큰 소리로 웃으면 혈류가 좋아지고, 암세포 등에 대항하는 면역력이 높아지며 뇌의 인지기능 저하도 막아준다고 한다. 한마디로 몸 상태가 좋아지고, 머리가 멍해지는 것을 방지하며 암 예방에도 도움이 되는 것이다.

나는 텔레비전이나 라디오, 다른 사람의 강연에서 유쾌하고 재미있는 이야기를 들으면 웃는다. 웃는 것이 자신에 대한 보상 같아서 가능한 한 계기를 만들어 마음껏 웃으려고 한다.

2019년 스무 살의 나이에 위민스 브리티시 오픈Women's British Open
에서 우승한 골프선수 시부노 히나코渋野 日向子는 경기 중에 자주
웃어서 '스마일링 신데렐라'라는 별명을 얻었다. 나는 그 모습에
조금이라도 가까워질 수 있도록 미소를 잃지 않으려고 한다. 다
만 사람들이 많은 곳에서는 호탕하게 웃기보다 소리는 내지 않
고 품위 있게 웃는다.

자기 전에 항상 오늘은 몇 번이나 크게 소리 내어 웃었는지 세
어보는 것도 기억력 개선에 도움이 될 수 있다. 이런저런 재미
있는 이야기를 생각하다 보면 또 큰 소리로 웃음이 나올지도 모
른다.

4장 단순하게 산다 _건강, 마음, 인간관계

○
유머 감각

　얼마 전에 한 젊은 사람의 축하 자리에서 고령의 한 남성에게
서 들었던 이야기가 그때의 정경과 함께 떠올라 지금도 미소가
지어진다.

　81세는 고속도로를 역주행하지만, 18세는 폭주한다.

　81세는 목욕탕에서 물에 빠지지만, 18세는 사랑에 빠진다.

　81세는 이제 아무것도 모르지만, 18세는 아직 아무것도 모른다.

　연회장은 웃음바다가 되었지만, 잘 보니 80세 이상인 사람들은
복잡한 표정으로 쓴웃음을 지었다. 물론 80세가 되어도 10대 못
지않게 건강하고 발랄한 노인도 있으므로 나는 나중에 남에게

폐를 끼치는 노인이 되지 않도록 노력해야겠다는 교훈으로 받아들였다.

또 하나 재미있는 이야기가 있다. 몇 명이 모인 홈파티 자리에서 그 집의 주인과 손님은 각각 모두가 초면이었다. 70대 남성이 "요즘에는 운전면허를 반납하고 그동안 타던 BMW는 내버려 두고 새 BMW를 타고 있어요"라고 말했다.

새 자전거라도 산 것인지 궁금해하고 있는데 그 남성이 말하길, "B는 버스, M은 메트로(지하철), W는 워킹이에요"라고 했다. 그 자리에 있던 사람들은 "어머, 그럴싸하네요"라며 웃었고, 분위기가 풀어지면서 점차 마음을 터놓고 교류하게 되었다.

말장난이라도 이런 유머 감각을 연마해두면 두뇌 트레이닝도 되고, 이야기의 화제가 부족할 일도 없다. 말솜씨가 부족해 다른 사람들과 커뮤니케이션하기 어렵다는 사람도 그럴싸한 이야기를 생각해두면 모임의 자리가 화목해지고, 어느새 대화의 중심 인물이 될 수 있다.

4장 단순하게 산다 _건강, 마음, 인간관계

오늘에
감사한다

어느 잡지의 대담에서 마스노 슌묘枡野俊明 스님에게 "오키 씨, 인생에는 안한무사가 중요합니다"라는 말을 들은 적이 있다. 안한무사安閑無事란 편안하고 평온한 나날을 뜻한다. 남과 비교하지 않고, 무엇에도 구애받지 않고, 자유로운 마음으로 보내는 나날이야말로 최고의 행복이라는 것이다.

그 무렵 나는 어머니가 영원히 세상을 떠나는 길을 배웅하면서 물건은 언젠가 손에서 떠나 저세상에 가져갈 수 없다는 것을 실감했다. 저세상에 가져갈 수 있는 것은 좋은 인생이었다는 편안한 마음뿐이다. 과연 어머니는 어떤 생각을 품고 떠나셨을까?

자신의 인생을 되돌아보고, 좋은 인생이었다고 생각했으면 좋겠다. 그러려면 하루에 한 번이라도 좋으니 지금 이 순간에 감사하는 마음을 가져야 하지 않을까?

아침에 일어나 두 팔을 벌리고 신선한 공기를 온몸으로 가득 마시면서 오늘도 건강하고 새로운 아침을 맞이했음에 감사한다. 이것만으로도 행복한 기분이 든다.

하루하루 아무것도 아닌 삶을 소중히 여기고, 작은 행복에 감사하자. 이런 유연한 마음을 쌓아가는 것이 스님이 말씀하신 편안하고 좋은 삶이라고 생각한다.

자연에
마음을 내맡긴다

나는 지쳤다는 생각이 들면 집 근처의 공원을 산책한다. 마당이 있다고 해도 손바닥만 한 우리 집과는 달리 울창한 숲속에는 100년이 넘은 나무들이 우거져 있고, 자연의 시원한 바람이 뺨을 부드럽게 어루만진다.

어느 날 큰 나무를 두 팔로 안고 가만히 있는 고령의 여성을 본 적이 있다. 무심코 옆에 있는 자연보호 출입 금지 간판을 가리킬까 하다가 관뒀다. 그 여성은 자연으로부터 오는 에너지를 온몸으로 받아들이는 듯했다. 아마도 지친 몸과 마음을 자연의 큰 나무에 무심히 내맡겨 치유받고 있었는지도 모른다.

도시의 일각에서도 자연을 느끼면서 마음을 비우고 거닐 수 있는 행복한 장소가 있다. 나는 새로운 발견을 한 것 같아 뿌듯했다.

　자연을 접하기만 해도 사람은 행복을 실감할 수 있다. 초목은 푸름을, 꽃은 저마다의 아름다움을 보여준다. 자연은 있는 그대로의 모습으로 우리에게 말을 걸어준다. 불교에서는 그곳에 불변부동의 진리가 있다고 한다.

　우리 집 발코니에는 20년 이상 된 붉은 제라늄꽃이 사계절 내내 활짝 피어난다. 독일 길거리에서 흔하게 눈에 띄었던 붉은 제라늄 화분을 꼭 우리 집에서도 길러 꽃을 피우고 싶었다. 계기는 그런 단순한 마음이었다.

　북쪽 나라 독일의 꽃답게 비바람이 불어도 눈이 내려도 무더위가 찾아와도 지지 않고 항상 불타는 듯한 새빨간 꽃을 피워 볼 때마다 마음에 안정을 준다. 물을 주면서 손으로 시든 잎과 꽃을 떼어내고, 그것을 흙으로 되돌린다. 이런 작업만으로도 왠지 모르게 마음이 치유되고 행복한 기분이 든다.

타인과
비교하지 않는다

  한창 발전하는 젊은 시절이라면 몰라도 어느 정도 나이를 먹으면 나보다 잘난 사람도, 부자인 사람도, 행복해 보이는 사람도 신경 쓰지 않게 된다. 오히려 새삼스럽게 이 나이에 신경을 쓴들 무슨 소용이 있냐고 생각한다. 나이를 먹으면 타인과 비교하고 부러워하면서 비참해지거나 동요되지 않는 평온한 삶을 살고자 한다.

  돈이든 재능이든 명성이든 미모든 자신을 다른 사람과 비교해 일희일비하는 것은 질투심에서 오는 것이다. 남을 부러워하는 감정은 나이가 들면 줄어든다고 생각하기 쉽지만, 개인차는 있을 것이다.

　고령이 되어도 질투심을 드러내는 사람이 가끔 있다. 남들과 비교하는 것 자체가 나쁜 것은 아니다. 그 사람을 목표로 삼고 긍정적으로 생각하면 좋겠지만, 자신이 한심하다고 침울해지면 인생이 어둡고 허탈해진다.

　나이를 먹고 갑자기 타인과 비교하지 않겠다고 단언하기는 어렵다. 하지만 천천히 자신의 질투심을 억제하는 기술을 터득할수는 있다.

　돌아가신 아버지는 입버릇처럼 "남은 남이고 나는 나일 뿐, 남과 비교하지 마라. 경쟁하지 마라. 다른 사람이 부러우면 자신의 능력을 발휘해서 노력해라"라고 말씀하셨다. 딸인 내가 보기에도 아버지는 평범한 삶 속에서 다른 사람의 의지가 되기는 해도 남에게 의지하지 않았고, 본인의 페이스대로 자신의 길을 가는 사람이었다.

　아버지의 말씀을 지금 떠올려 보니, 언제나 온화하고 평정심을 유지하면서 살아가셨던 것은 욕심을 내면 끝이 없으며 타인과의 비교가 얼마나 무의미한지를 부처처럼 깨달으셨기 때문인지도 모르겠다.

　상대가 부럽다는 생각이 들면 반드시 그 이면에는 남에게 말할

4장 단순하게 산다 _건강, 마음, 인간관계

수 없는 괴로운 노력과 대가가 있었을 것이라고 마음을 다잡아 보자. 그 사람이 힘들었을 것이라고 마음속으로 말해보는 것은 어떨까? 성공한 사람의 보이지 않는 이면을 살피는 마음도 중요하다.

자신이 그 사람처럼 될 수는 없어도 지금의 자신 역시 어느 정도 합격점이며, 자기 나름대로 열심히 해왔다고 되새긴다. 그리고 상대방을 훌륭하다고 칭찬한다. 거짓이 아니라 진심으로, 자연스럽게 다른 사람의 성공을 진심으로 응원하는 마음이 들면 여러분은 질투에서 해방될 것이다.

독일의 철학자 괴테는 "사람의 성공을 시기하지 않고 받아들이려면 상대에 대한 깊은 사랑이 필요하다"라고 했다. 이 말이 맞는지도 모르겠다.

그리고 생활을 간소하게 하려고 노력하자. 독일에서 귀국했을 때 나는 일단 식기를 3분의 1 정도로 줄였다. 그것이 가능했던 것은 가족용과 손님용을 가리지 않고 사용했기 때문이다. 그러자 관리가 편해졌을 뿐만 아니라 장소도 넓어졌다. 비싼 손님용 식기로 식사를 하니 마음까지 부자가 된 기분이 들어, 풍요로운 심플 라이프를 실천할 수 있었다.

가끔 다른 집에 방문했을 때 고급 식기로 차를 마셔도 일상적이고 특이하지도 않았으며, 좋은 식기라고 칭찬하지만 부러워하는 마음은 생기지 않음을 깨달았다. 물건을 단순하게 하면 마음까지 상쾌하고 심플해진다.

4장 단순하게 산다 _건강, 마음, 인간관계

케세라세라

세상에는 아무리 발버둥을 쳐도, 노력을 거듭해도 내 힘으로는 해결할 수 없는 일이 있다. 본인이나 가족이 아프거나 재해를 당할 수도 있고, 생각지도 못한 고민거리가 갑작스레 날아들기도 한다. 이럴 때 주변 사람들에게 하소연을 늘어놔도 들은 사람들은 그저 다가와 위로하기만 할 뿐 이러지도 저러지도 못하는 경우가 많다.

나이가 들면 고민거리는 자신의 내면에 삼켜 소화하고, 주변 사람에게는 평소와 다름없이 담담하게 대하는 것이 좋다. 다만 지나치게 내면에 쌓으면 우울증이 올 수도 있다.

그러니 평소 어떤 일이 일어나도 어느 정도 체념할 마음의 준비를 해둔다. 고민해봤자 어쩔 수 없다. 그냥 자연의 큰 흐름에 몸을 맡겨보자.

겨울이 오면 머지않아 봄도 온다. 자연은 돌고 돌아 반드시 새로운 계절로 찾아온다. 살아갈 용기를 북돋우면서 바람이 부는 방향으로 흘러간다. 분명 케세라세라Que Sera, Sera, 될 대로 될 것이다.

반 정도만
먹는다

배부르게 먹는 것은 건강에 좋지 않으므로 식사는 반 정도만 하는 것이 좋다고 한다. 젊었을 때는 배가 80퍼센트 정도 차는 것이 좋다고 하는데, 50대 이상이 되면 더 줄여서 반 정도가 딱 좋은 것 같다.

나이가 들수록 먹는 양도 줄어들고, 움직임도 이전에 비해 둔해진다. 젊었을 때는 와인 한 병도 거뜬히 비웠는데, 지금은 한 잔 정도만 마셔도 기분이 몽롱해지면서 잠이 온다. 세 끼 식사도 양보다 질을 택하고, 밥도 지금까지 먹던 양의 절반 정도로 먹어야 거북하지 않으면서 영양을 섭취할 수 있어 맛있는 음식을 적게 먹게 되었다.

　이렇게 하는 친구가 몇 명이나 있다. 나이를 먹으면서 자신의 체력과 타협하면서 적당한 포만감을 알고, 조금씩 소유에 대한 욕망을 줄여간다.

　먹는 것과 마찬가지로 가진 것도 줄인다. 이것도 저것도 갖고 싶은 사람의 욕망에는 끝이 없다. 그러니 딱 절반 정도로 줄이고, 그 이상은 가지지 않고, 원하지도 않겠다고 스스로 마음을 다잡도록 하자.

　절반이라도 좋다고 정해놓으면 물건에 대한 욕망도 줄어들고, 마음이 훨씬 가벼워진다. 인생의 후반에 배를 가득 채우는 욕망을 추구하면 몸과 마음이 지쳐 100살까지 살 수 없을지도 모른다.

○ 짜증에서
   벗어나기

원래 성실하고 자신에게 엄격하게 살아온 사람일수록 그 삶의
방식을 바꾸려 하지 않는 경우가 많다. ○○가 아니면 안 된다고
남의 언행에 참견을 하고, 걸핏하면 "그래서 안 된다"라며 비판
적이 된다.

나이가 들어 체력도 기력도 떨어졌는데 지금까지와 같은 규칙
으로 다른 사람과 나를 옭아맨다면 그 규칙이 어긋났을 때 짜증
과 분노가 배가된다. 주변에는 꽥꽥거리는 시끄러운 노인네라고
낙인찍혀 고독한 노후를 보내게 된다. 분노와 짜증이 쌓이면 스
트레스도 늘어나 건강하지 못한 상태가 되고, 질병에 더 취약해

진다고 한다.

노후의 인생은 태평하고 마음 편하게 사는 것이 낫지 않을까? 사랑은 받지 못하더라도 적어도 미움은 받지 않는 삶을 살자.

평소 다른 사람에게 관심이 많고, 비판적인 사람은 이렇게 생각해보자. 다른 사람의 인생은 내가 바꿀 수 없다. 그러니 다른 사람의 삶에 관심을 보이거나 비판하는 일은 관두자고.

다른 사람의 집 안이 먼지로 뒤덮여 있어도 비판을 한들 의견을 낸들 당사자가 바꿀 마음이 없으면 생활은 바뀌지 않는다. 하물며 노쇠한 몸으로 상대를 바꾸려고 고민하는 일은 굉장한 마음의 부담이 된다.

"집이 너무 더럽잖아! 당장 치워!"

이렇게 다른 사람을 비판하면 그 말을 들은 사람은 어떤 기분이 들까? 마치 독약을 받은 것처럼 불쾌한 기분이 든다.

자기 자신을 향한 비판이라면 "너무 더러우니 좀 치워야겠다"라고 반성의 약이 될 수도 있다. 하지만 어른이 아이에게 "○○해라!"라고 비판한다면 순순히 따르고 싶을까?

나이가 들면 자신의 힘으로 바꿀 수 있는 것만 생각하자. 그러면 인생이 편안해지고 불필요한 분노나 짜증의 스트레스에서 해방될 수 있다.

다른 사람과의
관계

나이가 들면 체력과 기력이 떨어짐은 물론 인간관계에도 변화가 찾아온다. 나 자신도 그렇지만 예전부터 친하게 지내던 친구나 지인에게도 환경이나 심경의 변화가 있어 같은 방식으로 교류하기 어려워진다.

지금까지는 가능한 한 많은 사람을 사귀고, 넓고 얕게 배우는 것도 많았지만, 나이가 들면 인간관계도 양보다 질이 중요해진다. 많은 것을 가지면 관리하기 힘들듯이 넓은 인간관계는 시간과 돈이 많이 들고, 기력과 체력도 필요하다.

진심으로 마음에 드는 것을 조금씩 정성 들여 사용하는 것이 풍요로운 단순한 생활이라면 인간관계도 마찬가지다. 정말 진심으로 신뢰할 수 있는 친구와 지인을 선택해 깊이 있고 정중하게 교류하자. 정리정돈된 인간관계는 단순한 생활의 연장선상에 있는 것이다.

연하장으로
사이를 돈독히 한다

　알고 지내는 70대 여성이 내년부터 연하장을 그만 보내야겠다고 이야기를 했다. 인생도 끝이 가까워지고, 매년 연하장을 주고받는 시간과 노력이 아까워 그만두기로 했다는 것이다. 혼자 사는 그녀는 설날에 번거롭게 연하장을 보내기보다 한가롭게 지내고 싶은 모양이었다.

　연하장에 대한 마음은 사람마다 다를 수 있다. 설날 음식을 먹고 느긋한 기분으로 연하장을 보는 것이 설날의 즐거움 중 하나라고 말하는 사람도 있다. 매년 가족사진이 첨부된 연하장을 받으면 그 집 아이가 벌써 이만큼 컸다는 데에 놀라고, 손주를 안은 사람을 보면 어느새 이런 나이가 되었다는 사실에 감회가 새롭다.

백발이 성성하고 머리숱도 줄어든 친구 부부가 해외여행에 가서 찍은 사진을 보면 항상 사이가 좋은 비결이 무엇인지 궁금하기도 하다. 평소 연락이 뜸한 고향 친구나 사촌 여동생들의 근황도 알 수 있고, 문득 그리워져서 조만간 전화를 걸어야겠다는 마음도 든다.

외국에서도 크리스마스카드로 계절 인사를 하는 습관을 중요하게 생각한다. 해외 친구들도 여전히 몇 통의 크리스마스카드를 보내준다. 평소 기회가 있을 때마다 메일로 교신하는 사람에게서도 크리스마스카드나 새해 연하장이 오면 마음이 따뜻해진다.

연하장이나 크리스마스카드는 일 년에 한 번, 연락이 뜸한 사람들에게 잘 지내고 있냐고 제대로 안부를 물어 사이를 다시 돈독히 하기 위한 일인지도 모른다.

최근에는 계절 인사를 메일로 하는 젊은 사람도 많아서 연하장을 보내는 사람이 나이를 불문하고 줄어들고 있다고 한다. 연하장은 형식적인 것이라서 가급적 그만두고 싶어 하는 사람도 있다. 나이가 들수록 연하장을 쓰는 작업이 체력적으로 힘들어져서, 앞서 말한 지인처럼 70세를 계기로 완전히 중단하는 사람도

4장 단순하게 산다 _건강, 마음, 인간관계

있다.

하지만 연하장은 자신의 인생을 되돌아보고, 지지해주는 주위 사람들을 다시금 생각해볼 수 있는 좋은 기회가 된다. 언젠가 쓸 수 없을 때가 올 때까지 조금씩 매수를 줄이면서 인간관계도 줄여나가는 것이 자연스럽지 않을까?

여행 선물은
그림엽서

얼마 전 친구가 태국 여행을 하면서 보낸 그림엽서가 도착했다. 부부가 추위를 피해 건너간 남쪽 나라에서 일부러 나를 떠올려 펜을 움직였다는 사실에 기뻤다.

국내외를 막론하고 건강한 고령 부부의 동반 여행이 많아졌고, 1인 전용 여행도 다양한 플랜이 나온다고 한다.

작년 말에 공항 전용 라운지에서 차를 마시고 있는데, 70대 여성이 어디까지 가냐면서 말을 걸어왔다. 한여름의 오스트레일리아라고 대답하자 그 여성은 혹한의 러시아로 간다고 했다.

러시아 거리의 짜릿한 추위와 조용한 거리가 마음에 들어 이번

4장 단순하게 산다 _건강, 마음, 인간관계

이 세 번째라고 했다. 호텔과 비행기가 세트로 구성되어 안심할 수 있는 투어 여행이지만, 현지에서는 가급적 단독 행동을 하는 듯했다. 고독을 사랑하는 노부인이겠거니 생각했는데 그녀는 낮에는 유적지를 탐방하거나 거리를 걷고, 밤에는 호텔에서 친구들에게 보낼 그림엽서를 쓰는 것이 즐거움이라고 했다.

여행의 추억은 자신의 마음에 소중히 간직하고, 다른 사람에게 줄 선물은 그림엽서로 정한 것이다. 그래서 돌아갈 때도 짐이 늘지 않아 편하다고. 인터넷으로는 상대의 마음에 닿지 않으며, 감동을 담은 그림엽서는 풍경과 함께 수중에 남을지도 모른다고 그녀는 말했다.

서로 조심하라며 인사를 나누고 헤어졌는데 문득 여행을 가면 꼭 가방 가득히 선물을 사서 친구와 지인에게 나눠주는 60대 지인의 얼굴이 생각났다. 여행의 목적은 ○○에 다녀왔다는 증거로 선물을 사는 것이 아니라 마음에 남는 감동적인 추억을 만드는 것이다.

돈을 빌리거나
빌려주지 않는다

나는 예전부터 남에게 돈을 빌려주지도 않고, 빌리지도 않는다. 금전 거래가 원인이 되어 사이가 좋았던 친구와 관계가 틀어지거나 소송에 휘말리기도 한다는 이야기를 자주 들었기 때문이다.

지금까지 살면서 여러 번 돈을 빌려달라는 부탁을 받았지만, 모두 거절했다. 다만 돈을 빌려준다면 돌려받을 생각 없이 줄 작정이라 "이것뿐이라서 미안해"라며 차를 마실 정도의 돈을 건넨 적은 있다.

50대 무렵 사업에 실패한 대학 동창에게 거액을 빌려달라는 부

4장 단순하게 산다 _건강, 마음, 인간관계

탁을 받은 적이 있다. 돈을 빌려줄 정도의 여력이 없다고 하며 초밥집에 데려가 배불리 먹인 뒤 기운을 내라며 격려했다. 들리는 소문에 의하면 그 친구는 여러 지인과 친구에게 돈을 빌리고 파산해서 결국 돈을 빌려준 친구들과 사이가 틀어졌고, 이후 행방이 묘연해졌다고 한다.

친구나 지인과 회식을 했을 때 돈이 얼마 안 나오면 잔돈이 없어 상대가 대신 내주는 경우가 있는데, 그러면 그날은 얻어먹고, 재빨리 갚는 것이 뒤탈이 없고 깔끔하다. 자주 만나지 않는 사람이라면 얼마 전에 잘 먹었다면서 선물을 보낼 수도 있다.

나이를 먹고 마음 편히 살고 싶다면 돈 문제는 피하는 것이 좋다. 돈을 이유로 다가오는 사람과의 교제는 아무리 호감도가 높아도 제대로 거리를 두자. 단순하게 살려면 누구에게나 "없어서 어쩔 수 없다"라고 딱 잘라 말하는 지혜도 필요하다.

○
젊은 사람과
교류한다

고등학교 동창들과는 일 년에 몇 번 술집에서 모여 술을 마시며 청춘 시절의 추억 이야기로 꽃을 피운다. 비슷한 청춘 시절을 보냈고, 기업에 충성하면서 사회에서 활약해왔기 때문에 장황하게 설명하지 않아도 이들과는 이야기가 잘 통한다.

같은 세대의 지인들과 질병, 손자, 취미 이야기(배우자를 화제에 올리는 경우는 생각보다 적다) 등을 하며 마음 가는 대로 편안하게 술에 취할 수 있는 것도 가끔은 좋을 수 있다. 하지만 때로는 자신보다 어린 사람들을 만나는 것도 좋다. 자녀나 손자가 아닌, 요즘 젊은이들이 어디에 관심이나 흥미를 보이는지 아는 것이 좋은 영향을 주고 공부가 되기도 한다. 게다가 자신보다 나이가 꽤 어린 젊은이와 이야기하면 새로운 발견이나 자극으로 두뇌가 단련되어 젊음을 유지하는 묘약이 되는 느낌이다.

요즘에 어떤 젊은이가 노인을 상대해줄지 염려하는 것은 성급한 생각이다. 과감하게 술자리나 식사 자리에서 지갑 역할을 철저히 하면 젊은이들이 "잘 먹겠습니다"라며 흔쾌히 응해준다. 단 매번 그럴 수는 없다. 젊은이들과 어울리는 데에도 그동안 쌓아온 지식과 지혜를 발휘해야 한다.

70대 여성인 내 지인은 주 1회 도수치료를 받으러 다닌다. 시술을 해주는 사람은 모두 본인보다 젊은 남성들이다. 그래서 돈을 내고 그냥 잠자코 받기보다는 이런저런 대화를 즐기고 싶었던 지인은 매번 다른 주제로 말을 걸었다. 취미로 하는 골프나 여행, 음식 등을 주제로 삼았다.

요리가 취미인 그녀는 혼자 살면서 몸이 약해진 치료사에게 건강 음료를 만드는 법까지 전수해 효과가 있었다는 감사 인사를 받았다고 한다. 경험의 힘으로 인생 상담까지 발전하는 일도 있었다고 한다.

이야기를 나누면 힘이 되어주는 박식한 여성이라고 소문이 나 완전히 인기인이 된 그녀는 매번 젊은 남성과 대화를 즐기고 있다. 시술을 하는 젊은이들도 지루한 노인을 상대로 하기보다 박식하고 건강한 그녀의 이야기를 들으면 기분 전환이 될 것이다.

그녀는 만날 때마다 도수치료가 필요 없을 정도로 안색이 밝아지고 점점 활기가 넘쳐서 요즘은 20세 이상 젊어 보인다며 기뻐하고 있다.

이성 메일 친구

　60대인 친구 남편은 퇴직을 한 뒤에 남녀를 합해 20명 정도의 학창 시절 동아리 동료들을 불러 모아 메일 교신을 시작했다고 한다.

　연구자인 내 친구는 남편의 허락을 받아 노인 연구에 참고하기 위해 그 메일을 종종 읽어본다고 한다. 메일 교신에는 정해진 규칙은 없고, 연령차도 2~3년 정도로 거의 같은 세대다. 노인이 되어가는 남녀가 청춘 시절의 공통된 추억을 안고, 좋아하는 것을 늘어놓거나 위로하거나 일상 이야기를 하는 듯했다.

　여성들은 손주, 여행, 영화 이야기를 하며 다녀온 장소의 사진까지 첨부하는데, 여자들끼리 수다를 떠는 느낌이 강하다고 한다. 남성들은 혼자 투덜거리는 경우가 많고, 박학한 지식을 뽐내려고 하며, 비틀즈처럼 그리운 옛 음악을 마음 가는 대로 적는다고 한다.

친구가 분석하기에 남성은 지적이고 얌전한 외톨이 기질이고, 여성 쪽이 활기가 있고 밖을 돌아다니며 활동하는 것을 알 수 있다고 한다.

정년퇴직 후 남성의 고독을 다룬 한 여성 작가가 그린 『끝난 사람終わった人』이라는 소설이 있다. 이 소설이 원작인 영화를 보고, 메일 친구인 여성 중 한 명이 "지금 여러분의 이야기네요"라고 메시지를 보냈더니 남성 전원에게 아무 반응이 없었다고 한다.

친구가 "그게 현실이지"라고 이야기했을 때 나도 수긍하기는 했지만, 남성들의 내면을 상상하면 조금 복잡한 심경이 들었다. 언젠가 무슨 일이든 끝이 온다는 것을 알고 있다. 하지만 '끝난 사람'이 되고 싶지는 않다. 일 중심으로 살아온 자존심 높은 남성이라면 더욱더 그렇게 불리고 싶지 않을 것이다.

남성은 순수하고 변화하기가 어려우며, 현실을 들이대면 상처받기 쉬울지도 모른다. 반면 자유롭게 제멋대로 살아온 노인 여

4장 단순하게 산다 _건강, 마음, 인간관계

성은 당차고 현실적이며, 변신이 빠르고 생활력이 있어 보인다.

내년에는 다 함께 2박 3일 여행까지 갈 것 같다고 그녀는 말했다. 남편이나 아내가 건재하든 혼자 살든 각각 혼자 참가하는데, 열 명 정도의 소규모 단체 여행이라서 다들 기대가 크다고 한다.

"노인 남녀가 혼성으로 여행을?"

나는 걱정이 되어 물었다.

친구는 "텔레비전 앞에 바위처럼 붙어 있는 남편이 나가주면 내 시간을 가질 수 있어서 살 것 같아"라고 했다. 쓸데없는 걱정을 할 정도로 젊지 않고, 몇 살이 되었든 건강한 남편이 집을 비워주는 것이 고마운 법이라고.

확실히 반세기 부부로 살다 보니 질투나 묘한 걱정과는 거리가 멀어지고, 무슨 일이 일어나도 두렵지 않은 듯하다. 친구는 남편이 여행하는 동안 끼니 걱정도 없고, 시간도 신경 쓰지 않고 연구 활동에 몰두할 수 있으며, 당당하게 가고 싶은 곳에 치장을 하고 나간다고 한다.

○ 분위기를 보면서
이야기한다

　나이가 들면 지금까지 스스럼없이 대했던 상대에게도 어느 정도 배려를 하면서 교류하는 것이 좋다. 젊었을 때는 말다툼이나 오해가 있어도 그것을 복구할 시간도 여유도 있었지만, 여생이 짧아지면 그것을 해결하는 데에 육체적이나 시간적으로 고통이 따르기 마련이다.

　친한 사이에도 예의가 필요하다. 젊은 시절에는 무엇이든 직설적으로 말해온 상대에게도 조금 마음에 거리를 두고 교류하는 것이 낫다. 노후의 인간관계는 서로 도움을 주고받고, 붙지도 떨어지지도 않은 관계로, 상대를 배려하는 적당한 마음의 거리감

4장 단순하게 산다 _건강, 마음, 인간관계

이 필요하다.

자신이 하고 싶은 말은 열 가지 중에서 한두 가지만 하고, 상대방의 이야기에 귀를 기울이자. 그리고 상대가 말하기 편하도록 "그래서 어떻게 됐어?" "그렇지"라고 맞장구를 친다.

다른 사람의 이야기를 잘 들어주는 친구가 있다. 그의 추임새는 "좋네"로 시작해서 "좋구나"로 끝나는 경우가 많다. 인터넷에서 들은 것 같은데, 입을 열자마자 "그거 좋네"라고 하면 누구나 나쁘게 생각하지 않는다고 한다.

상대가 말하다가 지치거나 분별력이 있는 사람이라면 '내가 너무 많이 말했나?'라는 생각이 들어 이번에는 여러분의 이야기에 귀를 기울이려고 할지도 모른다.

여성 중에는 상대가 말하고 싶어 하지 않는데, 그 속내를 읽지 못해 악의는 없지만 자세히 캐묻는 사람이 종종 있다. 젊었을 때 학창 시절 반 친구에게 무심코 "남편은 어디에 근무해?"라고 물었더니 "어디든지 좋지"라는 답이 돌아왔다. 나는 영문을 몰라 더 이상의 말을 찾지 못하고 입을 다물었다.

나중에 들었는데, 마침 남편이 실직 중이라서 내 질문이 그녀의 불안한 마음을 찌른 모양이었다. 나는 자신의 무신경함과 미숙함을 크게 반성하고, 이후로는 친한 사람에게조차 남편 일, 자식 일, 자매(형제)나 일 이야기 등 본인이 말하려 하지 않는 것을 눈치껏 피하면서 상처를 주지 않는 화제를 꺼내려고 한다.

남성 중에는 초면에 자기 이야기를 담담히 하는데, 자랑으로 받아들이는 사람이 있다.

"아들과 골프를 자주 치는데, 공이 프로 수준으로 날아가니까 저도 방심할 수 없겠더라고요."

"현역 시절에는 아무도 달성하지 못했던 영업 실적을 올리고 자회사의 전무까지 했어요."

이런 식으로 가슴을 펴고 이야기하면 무심코 "아들은 왜 프로 선수가 안 됐어요?" "자회사 전무가 뭐 대단하다고"라고 지적하고 싶어지는 모양이다. 지금은 그저 늙은 아저씨이고 본인에게는 그럴 마음이 없다는 것을 알면서도 자랑하는 것처럼 들릴 수 있다.

열심히 노력해도 100야드도 날아가지 않는 사람도 있을 것이고, 자랑할 만큼 뛰어난 자녀가 없는 사람도 있으며, 노후에 독신인 사람도 있을 수 있다. 파견을 나갔다가 권고사직을 당해 정년을 맞이한 억울한 사람도 있을 것이다.

자랑하는 것처럼 들리지 않으려면 자신의 이야기는 최소한으로 하고, 소극적인 자세로 상대를 치켜세워 칭찬할 만한 화제를

4장 단순하게 산다 _건강, 마음, 인간관계

찾는다.

 좋은 관계를 유지하려면 상대가 말하려 하지 않는 것은 건드리지 말자. 말하고 싶지 않은 일에는 반드시 어떤 사정이 있다. 그 자리의 분위기를 파악해서 불필요한 이야기를 일부러 꺼내지 않도록 신경 쓰는 것은 역시나 경험에서 오는 배려다.

고독을 사랑하고
자립하는 삶

　가족이라고 해도 자녀나 부모의 삶을 대신해 줄 수는 없다. 사람은 혼자 태어나 혼자 죽어가는 존재로, 자신의 등에 인생이라는 무거운 짐을 짊어지고 살아간다. 그래서 인간은 본래 고독하다.

　가족도 친구도 친척도 별로 없어서 고독하고 외롭다고 한탄하는 노인이 있다. 고독하기 때문에 외로운 것이 아니라 자신을 알아주는 사람이나 말동무가 없다고 생각해서 외로움을 느끼는 것이다.

　하지만 많은 친구나 가족에 둘러싸여 있어도 다른 사람에게 지나치게 의지하면 외로움을 느낄 수 있다. 자신의 마음을 이해하고 스스로 해결하며 자립하겠다는 마음가짐이 있어야 외로움에서 벗어날 수 있다.

어느 95세 여성은 나이가 들어 점점 친구들이 떠나면서 그동안 친하게 지내던 말동무도 사라졌다고 한다. 그래서 다른 사람에게 의존하지 않도록 자기 혼자서 제대로 생각하고 살아가는 것이 중요하다는 것이다. 장수하는 것은 외로움보다 고독과의 싸움이기 때문이라고 한다. 나는 이야기를 들으면서 역시나 고독을 사랑하지 않으면 장수를 즐길 수 없다고 다시금 생각했다.

누군가와 함께 외출하지 않으면 쓸쓸하고 지루하다고 생각하지 말고, 혼자서 행동하는 기쁨이나 즐거움을 찾아내자. 생각해 보면 쇼핑하기, 그림 그리기, 음악 듣기, 영화 관람도 모두 혼자서 할 수 있는 일이다. 그러면 일부러 다른 사람을 초대하고, 시간과 복장을 신경 써서 나갈 필요가 없다.

지금은 100세 시대라고 해도 그때까지 지금의 친구들과 함께 즐긴다는 보장도 없다. 지금이라도 늦지 않았으니 혼자 행동하는 예행 연습을 시작하자. 당일치기 버스 투어에 혼자 참가하는 것도 추천한다.

흥겹게 수다를 떨 상대가 없어도 조용히 창가의 경치를 바라보며 이런저런 생각에 잠길 수 있다. 혹은 새로운 만남이 기다리고 있을지도 모른다.

고독을 사랑하며 정신적으로 자립한 매력적인 노인이 되고 싶다. 몇 살이 되든 95세 부인처럼 자립적인 사람이라면 그보다 나이가 적은 내가 함께 시간을 보내더라도 또 만나고 싶고, 이야기하고 싶은 것이다.

초대를 받았을 때는
이렇게

인간관계는 기브 앤드 테이크로 성립된다. 그래서 받을 생각만 하지 말고, 자신이 상대에게 무엇을 해줄 수 있는지 생각해야 한다.

독일에 살던 시절, 다른 집에 초대받으면 반드시 몇 주 안에 자기 집으로 초대하는 게 상식이라고 들었다. 물건이 아니라 초대에 답례를 하는 것이다. 그리고 손님을 대접하는 마음도 중요하지만, 초대받는 측의 마음가짐도 잊어서는 안 된다.

① 초대를 받으면 반드시 빨리 답장한다.

② 초대받은 시각이 오후 6시라면 간단한 저녁식사가 나오므로 배를 채워둘 필요는 없다.

③ 오후 8시가 넘은 시각이라면 간단히 치즈나 햄을 안주 삼아 와인을 마실 수 있으니 미리 무언가를 먹고 나간다.

④ 간단한 선물로는 꽃이나 초콜릿이 좋다.

 · 가지를 자른 생화는 꽃병이 준비되어 있지 않은 경우 받는 상대가 번거로워진다.

 · 독일의 경우 꽃을 들고 오는 경우가 많아 호스트는 꽃병을 준비해둔다.

 · 최근에는 귀여운 바구니나 도자기 그릇에 담긴 꽃도 있어 편리하다.

 · 선물로 피해야 할 꽃은 백합과 국화이다. 장례식장을 연상시킨다.

 · 화분은 물을 주고 돌보는 것이 귀찮을 수 있다.

 · 붉은 장미는 연인에게 선물하는 용도로 적합하다.

⑤ 방문 시간은 약속 시간에서 1분 내외가 가장 좋다.

⑥ 오래 머물지 말 것.

 · 1시간 이내로 돌아간다면 뭔가 언짢은 일이 있었다는 인상을 준다.

· 2시간 정도에 아쉽지만 슬슬 돌아가겠다고 하고, 즐거웠
다며 감사의 말과 함께 작별 인사를 한다.

⑦ 다음 날 오전에 꼭 감사 전화나 메일을 보낸다.

· 윗사람에게는 2~3일 이내에 도착하도록 자필 엽서를 보
낸다.

독일에서 초대를 받았을 때의 마음가짐에 대해 적어 보았는데,
간단하고 알기 쉽기 때문에 충분히 통용될 것이다. 결국 상대방
의 마음에 진심으로 감사하고, 초대하는 사람도 초대받는 사람
도 친분을 더 쌓고 싶은 마음이 전달되면 된다.

파트너와의 관계

최근에는 결혼에 대한 생각과 이상적인 부부의 모습이 조금씩 변화하고 있다. 이혼이 증가하면서 사실혼이나 동성 결혼, 단순히 동거만 하는 사람도 많아졌다. 남편과 아내의 역할이 할아버지는 나무를 베고 할머니는 빨래를 하던 시대와 크게 달라졌다. 그 반대인 경우도 있고, 남편이 전업주부를 하는 집도 등장하고 있다.

오랜 세월 같이 살던 부부의 황혼 이혼 증가도 화제가 되고 있다. 육아나 일에 열중하던 젊은 시절과 달리 정년이라는 현실에 직면했을 때, 남편과 아내가 남은 인생에 대한 생각이 크게 다르다는 사실을 처음 깨달으면서 문제가 발생하는 것이다.

'동상이몽'이라는 말처럼 함께 같은 삶을 사는 것처럼 보였지만, 사실 마음은 다른 길을 꿈꿨을 수 있다. 그동안 서로 바빠서 차분히 자신을 들여다볼 기회가 없었는데, 50대가 되면서 시간이 여유로워지면 앞으로 자신이 하고 싶은 일을 인생의 후반에서 찾고 싶어진다.

어느 날 갑자기 아내가 이혼 이야기를 꺼내기도 하고, 남편이 시골에서 살고 싶다거나 갑자기 국숫집을 열고 싶다고 말할 수도 있다. 남편과 아내가 각자 삶에 대한 생각의 차이가 현실화되면서 막연히 이해해주리라고 생각했던 환상이 깨지고 만다.

상대가 더 이상 변하지 않는다고 생각되면 과감히 헤어지고, 귀중한 자신의 인생을 다시 시작하는 것도 좋다. 물론 오랫동안 함께했기 때문에 서로 이해할 수 있는 부분도 크다. 이야기가 통하는 상대라면 서로 지금까지의 관계를 다시 살펴보고, 인생을 함께 걸어가보자.

○
관계를
돈독히 하기 위해서

상당한 노력이 필요하겠지만 자기 자신은 바꿀 수 있어도 상대를 바꿀 수는 없다. 상대를 잘 알려고 대화를 하면 자기 자신에 대해서도 잘 알게 된다. 상대에게서 행복이나 삶의 기쁨을 바랄 것이 아니라 스스로 얻어야 한다는 기본적인 자세가 대화를 원활하게 만든다.

예를 들어 "너와 함께 힘차게 테니스를 치고 싶어서 다리와 허리를 단련하고 있어"라는 식이다. 구체적인 상황으로 서로 깊게 이해하게 되고, 테니스를 좋아하는 상대에게서 신뢰를 쌓을 수 있다.

4장 단순하게 산다 _건강, 마음, 인간관계

남자와 여자는 사실 대화가 잘 통하는 사이는 아니다. 나는 이런 흥미로운 화제를 생각하며 이해해보려고 한다.

심리학자 존 그레이John Gray 박사의 말에 따르면 남녀의 발상은 근본적으로 다르다고 한다. 금성에 살던 여성은 체면과 인간관계를 중시하고, 화성에서 온 남성은 뭔가를 달성한 것에 자부심을 느낀다고 한다. 그래서 서로 노력하지 않으면 부부의 대화가 맞지 않는 것은 당연한 일이다.

노년이 되어 갈수록 서로를 조금이라도 깊이 이해하려면 공통으로 할 수 있는 체험을 늘려야 한다. 여행, 스포츠, 음악 감상, 맛집 탐방, 뭐든 좋다. 파트너와 함께 즐길 수 있고, 서로 감상을 나눌 수 있는 취미가 있다면 서로 다른 부분은 이해하고, 없는 부분은 보완해주는 둘도 없는 존재라고 인정할 수 있을 것이다. 물론 그 반대의 경우도 있을 테지만.

노후 설계

나이를 먹는 것은 결코 비관적인 일이 아니다. 행동반경이 좁아지고, 지적 능력도 신체 기능도 점차 쇠약해진다. 인간관계도 좁아져 마지막에는 외톨이가 될 가능성도 있다. 하지만 미래를 대비하면 걱정할 필요가 없으니 빨리 노후의 삶을 생각해두어야 한다. 심각하게 생각하면 우울해지므로 단순한 생활을 떠올려보자.

내가 처음 상경했던 젊은 시절이 생각난다. 전 재산은 조그맣고 하얀 여행가방 하나가 전부였다. 당시에는 아무것도 없는 간소한 생활에 불편함을 느낀 적이 없고, 오히려 단순한 생활을

4장 단순하게 산다 _건강, 마음, 인간관계

즐겼던 것 같다. 지금도 그 시절의 생활이 그리울 때가 있다. 그래서 노후 생활은 꼭 그때와 비슷해지고 싶다.

물건을 가지기보다 지혜를 발휘해서 이런저런 일에 적극적으로 참여하다가 마지막이 오면 쓸데없는 연명치료는 받지 않겠다고 공언했다. 젊은 시절처럼 물건은 적어도 풍요롭고 단순한 생활을 조금이라도 재현할 수 있다면 더할 나위 없을 것이다.

생활은 낮게, 생각은 높게

"생활은 낮게, 생각은 높게."

서양의 한 시인이 한 말인데, 불교의 가르침과도 통한다. 욕심을 부리지 않고, 필요한 물건으로 소박하게 생활하며, 풍요로운 마음으로 숭고하게 살아가는 것.

우리는 이제 물질 만능의 생활에 슬슬 종지부를 찍어야 할 때가 되었다. 사회에는 정보와 편리한 도구, 기계가 넘쳐나고 집안에는 필요 이상의 물건이 여기저기 널려 있다. 편리하다고 기꺼이 받아들여 왔지만, 문득 정신을 차리고 보니 생활방식마저 복잡하고 번잡해져서 마음의 풍요로움을 잃고 말았다.

인간 본연의 풍요로움을 다시금 되찾으려면 어떻게 해야 할까? 나이와 관계없이 앞으로 충실한 삶을 살아가려면 조금이라도 등에 지고 있는 짐을 가볍게 하고, 좀 더 단순하고, 마음이 즐겁고 풍요로워 보이는 생활을 목표로 해야 한다.

본문에도 언급했지만, 노후에 빈곤하지 않으려면 가계를 잘 꾸리고, 정리정돈하는 습관을 들이며, 건강에 관심을 가져야 한다. 예로부터 근면하던 사람들이 중요시해온 고독한 근검절약이 아니라 마음이 풍요롭고 소박하게 살아가는 단순한 생활 그 자체다.

이 책을 쓰게 된 계기는 노후빈곤이라는 말에 동요되어 노후에 대한 불안감에 사로잡히기 전에 다시 한번 자기 주변의 생활을 단순하게 살펴보는 것이 모든 해결책으로 이어지는 길이라고 생각했기 때문이다.

현대 문명의 편리함을 도입하면서도 전통적이고 간소한 습관과 자연과의 공존에 눈을 돌려보자. 생활을 단순화하면 지금까지 고민해온 인생의 군살이 빠지고, 생활방식도 개혁된다. '이런 간단한 일이라면 이미 알고 있었을 텐데' 하고 자신이 그동안 쌓아온 지혜나 지식까지 되살아날지도 모른다.

본문에서는 내가 지금까지 인생에서 경험하고 반성하면서 얻은 부족한 지혜와 지식을 나열하고 있다. 할 수 있는 것, 하고 싶은 것을 중심으로 참고해서 풍요로운 마음과 단순한 생활을 얻는 데에 도움이 되기를 바란다.

주위 모든 사람에게 진심으로 감사의 마음을 전한다.

행복한 사람은 단순하게 삽니다

1판 1쇄 찍음   2023년 8월 17일
1판 1쇄 펴냄   2023년 8월 24일

지은이   오키 사치코
옮긴이   정지영
펴낸이   조윤규
편집   민기범
디자인   홍민지

펴낸곳   (주)프롬북스
등록   제313-2007-000021호
주소   (07788) 서울특별시 강서구 마곡중앙로 161-17 보타닉파크타워1 612호
전화   영업부 02-3661-7283 / 기획편집부 02-3661-7284 | 팩스 02-3661-7285
이메일   frombooks7@naver.com

ISBN   979-11-88167-81-4(03190)